김오곤 원장의 약이 되는 제철 음식보약!

증상별로 분류한 나물백과

산나물
들나물
백과

올컬러
307가지
산나물 들나물
수록!

동의보감 약초사랑

꿈이있는집플러스

증상별로 분류한 나물백과

산나물 들나물 백과

초판 1쇄 인쇄 – 2019년 01월 25일
편 저 – 동의보감 약초사랑
발행처 – **꿈이있는집플러스**
발행인 – 이영달
출판등록 – 제2018-14호
서울시 도봉구 해등로 12길 44 (205-1214)
마켓팅부 – 경기도 파주시 탄현면 금산리 345-10(고려물류)
전화 – 02) 902-2073
Fax – 02) 902-2074

ISBN 979-11-963780-2-8 (03380)

김오곤 원장의 약이 되는 제철 음식보약!

증상별로 분류한 나물백과

산나물
들나물
백과

올컬러
307가지
산나물 들나물
수록!

동의보감 약초사랑

김오곤 원장의 약이 되는 제철 음식보약!

증상별로 분류한 나물백과

산나물
들나물

백과

올컬러
307가지
산나물 들나물
수록!

동의보감 약초사랑

사람은 땅에서 나서 땅으로 돌아간다. 그래서 산에서 지기地氣를 받은 나물을 먹는다는 것은 보약 중에 보약을 먹는 것이다.

산나물은 봄철이면 싱싱한 쌈으로 먹고, 나물로도 향과 맛을 내고 또한 저장하여 가을과 겨울, 그리고 이듬해 봄까지 사계절 내내 즐겨 먹었다. 그만큼 산나물은 우리민족에게 필요한 영양분의 공급원이기도 하였고 그 요리법 또한 다양하게 전해져 왔다.

요즘 비만과 성인병 등의 폐해의 원인이 서구화된 식생활로 밝혀지면서 우리 고유의 전통음식들이 다시 재조명을 받고 있다. 그중에서 산나물, 들나물은 우리 민족의 구황식물로 과거에 인간의 생명을 이어주는 소중한 식량 자원이었고 우리 조상들은 과거 일제의 수탈과 전쟁의 어려운 시기와 보릿고개 때 산나물, 들나물 등을 먹고 연명해 왔던 것도 사실이다.

봄에 나는 산나물, 들나물은 우리의 잃어버린 입맛을 살려줄 뿐 아니라 추위에 움츠렸던 몸의 신진대사가 활발해지면서 부족해지기 쉬운 비타민이나 무기질 등 필요한 영양소를 공급하여 피로해지기 시작하는 춘곤증을 이기는데 도움을 주기도 한다. 어느 보고서에 의하면 냉이 30g(7~8개 정도), 참나물40g(10~15개 정도), 취나물 45g(20~30개 정도)을 먹을 경우 영양소 기준치 대비 비타민A 101%, 비타민C 35%, 비타민 B2 23%, 칼슘 20%를 섭취할 수 있다고 한다.

서양의 대표적인 채식문화는 채소를 샐러드로 이용하거나 음식물에 첨가하는 재료로 사용하는 등 단순하지만 우리 민족이 수천 년부터 즐겨 먹었던 산나물은 여러 가지 형태로 맛과 향을 내며 먹는 민족 고유의 음식문화이기도 하다.

자연에서 얻은 건강한 재료로 만든 산나물, 들나물은 세계 최고 음식전문가들도 높은 평가를 내리고 있기도 하며 여러분도 자연이 선물한 건강밥상을 즐겨 보시기 바란다.

갈 데까지 가보자 촬영을 하면서 전국 각지의 산하를 다니며, 수많은 산나물과 들나물을 보면서 전 국민들이 우리나라에서 자생自生하는 산나물과 들나물을 이 책을 통해 익혀서, 아끼고 사랑하는 마음을 가졌으면 하고 바란다.

채널A 낭만별곡 '갈 데까지 가보자' 진행자

한의사 김오곤

차례

약이 되는 산나물

폐결핵, 기침, 당뇨병, 항암효과
가 있는
각시둥글레 • 74

여성질환에 효과가 있는
각시원추리 • 75

관절염, 신경통, 간염에 좋은
갈퀴꼭두서니 • 76

류머티즘 동통, 관절통에 좋은
갈퀴나물 • 77

발산작용이 강하여 외감성 두통,
오한, 발열에 좋은
강활 • 78

두통, 편두통, 각종 신경통에 좋은
개구릿대 • 79

강장제로 쓰이는
개별꽃 • 80

진해, 거담, 항균 등의 효능이 있는
개미취 • 81

해열과 발한 효과가 강한
개시호 • 82

마른기침에 좋은
고추나무 • 83

단백질, 비타민A, 탄수화물, 칼
슘이 풍부한
고려엉겅퀴 • 84

두통, 관절통, 치통, 복통, 설사에
좋은
고본 • 85

감기로 인한 발열과 피부 발진에
효과가 있는
고비 • 86

단백질, 칼슘, 칼륨 등 무기질도 풍부한
고사리 • 87

생선중독, 국수중독 치료에도 쓰이는
고추냉이 • 88

소화를 촉진시키고 식욕을 회복시키는
고수 • 89

여자들에게 좋은
곤달비 • 90

해열, 소종, 활혈(活血) 등의 효능을 가지고 있는
광대수염 • 91

해열, 진통, 소종 등의 효능이 있는
골등골나물 • 92

진해, 거담, 진통 등에 효능이 있는
곰취(곤달비 • 93

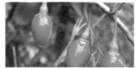
강장, 보양 등의 효능이 있는
구기자 • 94

두통, 빈혈증, 부인병 등에 좋은
궁궁이(천궁) • 95

두통, 편두통, 각종 신경통에 좋은
구릿대 • 96

몸에 열이 많은 사람은 많이 먹지 말아야 하는
금낭화 • 97

지혈, 이뇨, 진정, 소종 등의 효능이 있는
기린초 • 98

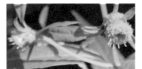
해열, 해독, 소종의 효능이 있는
긴담배풀 • 99

담석증, 방광 결석, 황달에 좋은
긴병꽃풀(금전초) • 100

해열, 해독, 소종 등의 효능이 있는
꽃층층이꽃(층층이꽃) • 101

감기로 인한 열, 기침, 기관지염, 편도선염에 좋은
까실쑥부쟁이 • 102

관절염, 신경통, 간염에 좋은
꼭두서니 • 103

꿩의다리아재비 • 104

해열과 지혈 효능이 있는
꿩의비름 • 105

구충, 해열, 지혈의 효능이 있는
꿩고비 • 106

열을 내려주고 기침 및 통증 완화 시키는
노루오줌 • 107

허약한 체질에도 사용하는
나비나물 • 108

윤폐지해, 청심안신의 효능이 있는
날개하늘나리(비늘줄기) • 109

해열, 진통, 해독, 이뇨의 효능이
있는
냉초 • 110

암세포억제 피부노화에 좋은
눈개승마 • 111

해열, 해독, 소종의 효능이 있는
눈빛승마 • 112

숙취해소 및 콜레스테롤 수치를
낮추는
단풍취 • 113

신경통에 좋은
다래 • 114

거담, 해열, 파혈, 지혈작용이 있는
담배풀 • 115

위, 허파, 비장, 신장을 튼튼하게
해주는
더덕 • 116

구토, 요폐, 풍한기통, 타박상을
치료하는
덩굴별꽃 • 117

강장, 이뇨, 거풍, 소염 등의 효
능이 있는
도고로마 • 118

가래가 끓는 증세, 기침, 기관지
염에 좋은
도라지 • 119

피로회복,숙취에 탁월한 효과가
있는
도토리 • 120

중풍의 반신불수와 피부의 소양
증에도 널리 쓰이는
독활(땅두릅) • 121

해열, 해독, 소종의 효능이 있는
돌나물 • 122

동맥경화나 심장질환에 매우 좋은
두메부추 • 123

혈액순환과 피로회복에 좋은
두릅나무 • 124

배농, 보중, 소종, 익기, 지해의
효능이 있는
둥근잔대 • 125

당뇨병 환자에게 쓰면 치료 효과
가 좋은
둥굴레 • 126

천식, 장염, 간염, 관절통, 입덧, 통
풍에 좋은
들메나무 • 127

거풍습, 활혈, 서근, 지통의 효능
이 있는
등갈퀴나물 • 128

관절염, 풍과 습기로 인한 통증
에 좋은
딱총나무 • 129

비장을 튼튼하게 하고 장의 기능을
좋게 하는
마 • 130

신체허약증, 기침, 기관지염에
좋은
마가목 • 131

강장효과와 어혈을 풀어주는
물봉선(물봉숭아) • 132

간을 보해주는 작용을 하는
마타리 • 133

허약체질, 면역력증강, 혈액순환
에 좋은
만삼 • 134

정신을 안정하게 하는 효능이 있는
말나리 • 135

기침, 천식, 소변불통에 효과가
있는
멸가치 • 136

해독, 거담, 해열, 강장 등에 효
능이 있는
모시대 • 137

활성산소를 막는 주는 역할을 하는
민박쥐나물 • 138

혈액순환을 활발하게 해주는
밀나물 • 139

양기를 돋우어 주는 효능이 있는
묏미나리(시호) • 140

간에 이로운 작용을 하는
물쑥 • 141

경련성 기침에 좋은
미나리냉이 • 142

감기, 두통, 인후통에 효능이 있는
미역취 • 143

소화, 변비에 좋은
말나물(말즙) • 144

어혈작용, 통증완화, 중풍예방에
좋은
박쥐나물 • 145

해열, 해독, 소종 등의 효능이 있는
바위취 • 146

콩팥의 기능을 원활하게 하는
바위떡풀 • 147

거풍, 진통의 효능이 있는
박쥐나무 • 148

혈열, 지혈, 토혈, 조경 진해 등
에 효능이 있는
버들분취 • 149

열을 내리게 하고 경련을 풀어주는
범꼬리 • 150

초기 중풍에 효능이 있는
병풍취 • 151

해열작용, 해독작용을 하는
봄맞이 • 152

폐렴, 황달 간염에 좋은
분취 • 153

사포닌 성분이 들어있는
비비추 • 154

변비에 좋은
사람주나무 • 155

이뇨, 강장 곽란 해독작용을 하는
산부추 • 156

건위제, 정장제로 쓰이는
산달래 • 157

위장을 튼튼히 하는 작용과 해독
작용을 하는
산마늘(명이나물) • 158

정력 감퇴, 양기부족에 좋은
삼지구엽초 • 159

식욕부진, 소화불량, 위장염에
좋은
삽주 • 160

혈액 순환을 도와주는
선밀나물 • 161

가래 삭이는 거담제(祛痰劑)로
사용되는
소경불알 • 162

해열, 해독, 조혈, 소종 등의 효
능을 가지고 있는
솔나물 • 163

사포닌이 들어있어 청열 해독,
소종에 좋은
수리취 • 164

방광염, 신장염 등에 약재로 쓰
이는
시로미 • 165

폐결핵과 혈압강하에 사용되는
싸리냉이 • 166

구토제, 진정제, 이뇨제로 쓰이는
앉은부채 • 167

해독과 발육촉진, 부인병에 쓰이는
알록제비꽃 • 168

천식에 효과가 있는
애기나리 • 169

진해, 거담, 소종 등의 효능이 있는
앵초 • 170

강정제, 음위제, 강장제, 피로회
복제 등에 쓰이는
오가피 • 171

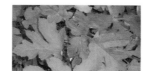
항염 작용과 혈액응고를 지연시키는
효과가 있는
어수리 • 172

위장염, 구토, 설사 등에 좋은
얼레지 • 173

식욕부진이나 소화불량 등에 좋은
용담 • 174

소화불량이나 식욕부진에 효과
가 있는
오리방풀 • 175

진통, 거풍, 소종, 해독 등의 효
능이 있는
우산나물 • 176

황달, 이뇨치료, 강장제 등으로
사용되는
원추리 • 177

기침을 멈추게 하고 폐를 보해주는
윤판나물 • 178

월경통, 월경불순 등에 처방약으
로 쓰이는
왜(산)현호색 • 179

신장병 또는 당뇨병의 특효라고
알려져 있는
음나무(엄나무) • 180

지혈, 해독에 사용되는
오이풀 • 181

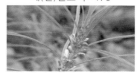
산후의 지혈과 복통에 사용되는
익모초 • 182

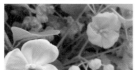
신경통, 관절염에 좋은
으름덩굴 • 183

염증 치료와 피를 멈추게 하는
일월비비추 • 184

진통과 타박상 치료약으로 쓰이는
자주괴불주머니 • 185

진해, 거담, 해열, 강장, 배농제
로 사용하는
잔대 • 186

해열, 거담, 진해, 진정 등의 효
능이 있는
전호 • 187

피부의 염증이나 복통에 효과가
있는
조밥나물 • 188

진해, 거담, 항균 등의 효능이 있는
좀개미취 • 189

해열, 소염 등의 효능이 있는
좀꿩의다리 • 190

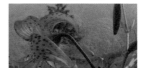
불면증과 부종에 사용하는
중나리 • 191

진정, 진경의 효능이 있는
쥐오줌풀 • 192

백혈구감소증에 효과가 있는
참나리 • 193

철분이 많아 빈혈예방과 치료에
탁월한
참나물 • 194

신체허약, 두통, 현기증에 좋은
참당귀 • 195

거풍, 청열, 양혈, 해독의 효능이
있는
참바위취 • 196

감기, 기관지염, 천식에 좋은
참반디 • 197

신경통과 류머티즘에 사용하는
참으아리 • 198

혈액의 순환을 도와주는
청가시덩굴 • 199

각종 독소를 체외로 배출시키는
참죽나무 • 200

두통과 현기증에 효능이 있는
참취 • 201

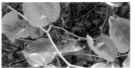

이뇨, 해독, 거풍 등의 효능이 있는
청미래덩굴 • 202

신경통, 타박상, 종기에 좋은
초피나무 • 203

두통, 고혈압, 뒤통수가 당기는
증세에 좋은
칡 • 204

피로회복, 위장병에 좋은
털중나리 • 205

신체허약증, 두통에 좋은
풀솜대 • 206

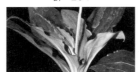

강심, 진정의 효능이 있는
키다리난초 • 207

몸의 열을 내리게 하는
합다리나무 • 208

건위, 정장, 해열, 해독, 진통 등
의 효능이 있는
황벽나무 • 209

혈압과 혈당을 낮추는 작용을 하는
통둥굴레 • 210

민간요법으로 가지와 잎으로 암치료
에 사용되는
화살나무 • 211

갑상선종 등에 약재로 쓰는
파드득나물 • 212

혈중 알코올 농도를 낮춰 주는
효과가 입증된
헛개나무 • 213

어혈을 풀어주는
호장근 • 214

혈액순환을 원활하게 해주는
홀아비꽃대 • 215

보약이 되는 들나물

기침과 인후염의 치료약으로
도 사용하는
가락지나물 • 218

각시취 • 219

소화불량과 장염으로 인한 복통,
설사에 좋은
개망초 • 220

설사를 멈추게 하는 작용이 있는
개비름 • 221

강력한 항산화력을 가지고 있는
가지 • 222

눈과 귀를 밝게 하는
갓 • 223

열을 내리게 하며 진통작용을 하는
갯기름나물(방풍) • 224

류마티스, 관절염에 좋은
갯메꽃 • 225

폐를 맑게 해주는
갯방풍 • 226

부기를 가라앉히는 효능이 있는
거지덩굴 • 227

겹삼잎국화 • 228

불면증에 좋은
고들빼기 • 229

암 예방에 효과적인
고구마 • 230

시력에도 좋고 이뇨작용에 좋은
고마리 • 231

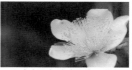

류머티즘과 신경통에도 좋은
고추나물 • 232

피부병에 좋은
괭이밥 • 233

풍을 제거하고, 신경통에 좋은
광대나물 • 234

근육에 경련을 일으키는 증세에
좋은
갯완두 • 235

거담, 진해, 건위, 진정 등의 효
능이 있는
금불초 • 236

항암, 항산화, 항염증 강화에 좋
은
기름나물 • 237

천식, 기관지염, 인후염의의 감
기증상에 좋은
금창초 • 238

고혈압에 좋은
까치수염 • 239

항균작용, 살균작용을 하는
깨풀 • 240

흥분을 가라앉히는 작용을 하는
꽃다지 • 241

팔다리가 굳어지고 마비되는 증
세에 좋은
꽃마리 • 242

간, 이뇨, 소염 등에 효과가 있는
꿀풀 • 243

열을 내리고, 어혈을 풀어주는
남산제비꽃 • 244

노화를 억제시켜 주는
냉이 • 245

노랑선씀바귀 • 246

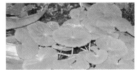
월경불순을 치료하는
논냉이 • 247

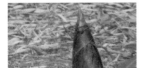
신경안정, 불면증에 좋은
달래 • 248

혈액순환개선, 신체기능과 체력
증진에 좋은
달맞이꽃 • 249

당뇨병 치료 등에 효능이 있는
닭의장풀 • 250

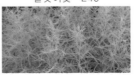
중풍과 반신불수의 치료약재로
쓰이는
대나무(죽순) • 251

강장, 이뇨, 소종 등의 효능이 있는
댑싸리 • 252

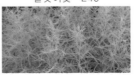
이뇨작용을 하는
댕댕이덩굴 • 253

어혈을 없애고 통증 완화와 부
기를 가라앉히는 작용을 하는
도깨비바늘 · 254

피를 맑게 하는
돌나물 · 255

칼로리가 낮아 다이어트 효과가
있고 당뇨병에 좋은
돼지감자 · 256

질병을 예방하고 암세포 증식을
억제하는
들깨 · 257

중풍, 고혈압, 산후복통에 좋은
등골나물 · 258

혈액순환을 좋게 하는
딱지꽃 · 259

복통, 구토, 지혈 등에 쓰이는
쑥(약쑥) · 260

위장동통, 산후복통, 간기능장애
에 좋은
뚝갈 · 261

이뇨작용, 혈압하강작용을 하는
마디풀 · 262

허약한 사람에게는 좋은 영양제
가 되는
마름 · 263

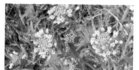

말냉이 전체를 자궁암에 쓰는
말냉이 · 264

폐결핵, 당뇨, 변비 등의 처방에
사용되는
맥문동 · 265

해독작용이 강하고 중풍에도 효
능이 있는
머위 · 266

방광염, 당뇨, 고혈압 등에 좋은
메꽃 · 267

멍든 피를 풀어주며 해독작용을
하는
며느리밑씻개 · 268

당뇨에 효과가 있는
며느리배꼽 · 269

소종, 해독의 효능이 있는
멱쇠채 · 270

몸에 열이 많은 사람들의 열기를
내려주는
명아주 · 271

출혈에 뛰어난 효과를 나타내는
모시풀 · 272

혈액순환 촉진과 해독작용을 하는
무릇 · 273

지혈작용 및 해독작용을 하는
물레나물 · 274

청열, 이습에 효능이 있는
물여뀌 ⋅ 275

해열, 진통, 소종 등에 사용되는
미나리아재비 ⋅ 276

항암효과와 항바이러스성과 알
코올 해독 능력이 탁월한
미나리 ⋅ 277

감기 열, 기관지염, 늑막염에 좋은
민들레 ⋅ 278

간염 및 간질환, 위산과다 및 위
장질환에 좋은
서양민들레 ⋅ 279

해열, 이뇨, 건위 등의 효능이
있는
흰민들레 ⋅ 280

감기, 기침, 천식 등에 효과가 있는
바디나물(연삼) ⋅ 281

박이 열을 내리고 갈증을 해소하는
박 ⋅ 282

해열, 해독, 건위 등의 효능이 있는
방가지똥 ⋅ 283

소화불량, 식욕부진, 복통치료제
로 사용되는
방아풀 ⋅ 284

소화불량, 위염, 신경과민증에
좋은
벋음씀바귀 ⋅ 285

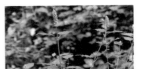

두통, 식중독, 구토, 복통, 설사,
소화불량에 좋은
배초향 ⋅ 286

기침, 천식, 비염에 특효인
배암차즈기(곰보배추) ⋅ 287

관절염, 임파선염에 좋은
뱀무 ⋅ 288

해열, 해독, 소종의 효능이 있는
벼룩나물 ⋅ 289

위장염과 위궤양, 위암, 자궁암
에 좋은
번행초 ⋅ 290

명목, 해독의 효능이 있는
벼룩이자리 ⋅ 291

이뇨제, 해열, 지혈제로 쓰이는
샤데풀 (거채) ⋅ 292

단백질, 칼슘, 철 같은 미네랄이
풍부하게 들어 있는
별꽃 ⋅ 293

각종 비타민과 칼슘을 함유하고 있는
비름 (비듬나물, 새비름) ⋅ 394

해열, 진통, 해독 등의 효능이 있는
뿌리뱅이 ⋅ 395

남성의 양기를 돕고 여성의 음기
를 돕는
사상자 · 296

해열, 이뇨, 발한, 진통에 좋은
사철쑥 · 297

해독하는 효능이 있는
산비장이 · 298

소종, 해독의 효능이 있는
소귀나물 · 299

기관지염, 폐병을 치료하는 데
쓰는
석잠풀(초석잠) · 300

해독제로서 약용에 쓰이는
섬초롱꽃 · 301

암 예방에 탁월한 효능이 있는
소리쟁이 · 302

혈압 강하의 효능이 있는
솔장다리 · 303

해독, 거풍습 효능이 있는
솜나물 · 304

감기로 인한 열, 기침, 기관지염
에 좋은
솜방망이 · 305

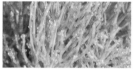

기침, 천식, 진해, 이뇨 등에 효
능이 있는
쇠뜨기 · 306

이뇨, 강장 등에 효과가 있는
쇠무릅(우슬) · 307

해열, 이뇨, 소종, 산혈 등의 효
능이 있는
쇠비름 · 308

기관지염, 기침에 쓰이는
쇠서나물 · 309

고혈압, 황달에 효과가 있는
수송나물 · 310

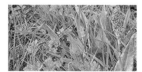

해열, 지갈(止渴), 이뇨 등의 효
능이 있는
수영 · 311

약리실험에서 항암작용도 있다
고 밝혀진
순채 · 312

혈액 순환을 원활하게 해주는
쉽싸리 · 313

해열제나 이뇨제 등으로 사용되는
쑥부쟁이 · 314

위장약이나 진정제로 사용되는
씀바귀 · 315

소화기능을 튼튼하게 해주고 음
기를 보강하는
양지꽃 · 316

항암 효과가 있는
애기수영 · 317

진해, 거담 효과가 있는
양하 · 318

신경통 치료에 사용되는
엉겅퀴 · 319

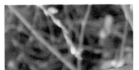
지혈, 소종의 효능이 있는
여뀌 · 320

살아있는 인슐린이라 불려 당뇨
에 좋은
여주 · 321

마음을 안정시키는 효능이 있는
연꽃 · 322

열을 내리고 해독효능이 있는
옥잠화 · 323

혈압도 내리고 고혈압에 좋은
올방개 · 324

온폐, 화담, 화중, 이뇨의 효능이
있는
옹굿나물 · 325

가래를 삭이며 소변을 잘 나오게
하는
왜제비꽃(제비꽃 속) · 326

이뇨제, 해독제, 건위제 등으로
사용하는
인동초 · 327

각기와 인후염 등에 효능이 있는
자리공 · 328

감기로 인한 열, 편도선염, 인후
염에 좋은
왕고들빼기 · 329

간상선암을 치료하는
잔털제비꽃 · 330

혈액 순환을 원활하게 하는
장구채 · 331

사포닌이 있어 정혈작용을 하는
장대나물 · 332

류머티즘으로 인한 통증의 치료
에도 쓰이는
젓가락나물 · 333

해독, 소염, 소종, 이뇨 등의 효
능이 있는
제비꽃 · 334

이뇨작용을 하며 피를 식혀주는
조개나물 · 335

지혈의 효능이 있으며 멍든 피를 풀
어주는
조뱅이 · 336

간기능 촉진, 부인병에 효능이
있는
졸방제비꽃 · 337

혈압강하 작용이 있으므로 고혈
압을 치료하는
좁쌀풀 • 338

지혈과 건위, 소종 등의 효능이 있는
지칭개 • 339

담으로 인한 기침의 치료에도 효
능이 뛰어난
질경이 • 340

위궤양, 장염, 월경이 멎지 않는
증세에 좋은
짚신나물 • 341

소변을 자주 보는 증상에 좋은
참꽃마리 • 342

폐렴, 보신, 폐기 등의 약용으로
쓰이는
천문동 • 343

참명아주 • 344

화상, 동상, 외상출혈 등에 효과
가 있는
춘란(보춘화) • 345

혈액순환까지 원활하게 해주는
큰까치수염 • 346

부스럼과 아토피에 좋은
콩제비꽃 • 347

풍습으로 인한 마비통증, 관절염
에 좋은
톱풀 • 348

거담, 진해, 해독 등에 효과가 있는
층층잔대 • 349

피를 맑게 해주며 해독작용도 있는
큰방가지똥 • 350

큰황새냉이 • 351

소종, 해독의 효능이 있는
토란 • 352

염증을 제거하고 독을 뽑아내는
피마자(아주까리) • 353

여러 암의 발생 위험을 감소시키
는 효능이 있는
호박 • 354

이뇨제로 각각 사용되는
환삼덩굴 • 355

생리통을 제거하고 자궁내막염
에 사용하는
활량나물 • 356

위암, 자궁경부암, 비암, 인후암 등
에 좋은
뱀 딸기(사매) • 357

열을 내려주는
앵두 • 358

소변과 설사를 다스려 주는
가시연꽃 • 359

구절초 • 360

과민성 비염이나 콧물에 좋은
목련(신이) • 361

옻나무(칠) • 362

폐에 열을 내려 천식증을
없애주는
뽕나무 • 363

속에 열이 있어 가슴이 답답하여
잠을 못잘 때 효능
치자나무 • 364

풍습으로 인한 통증과 반신불수
에 좋은
오가피 • 365

발기부전증에 좋은
부추 • 366

양기를 잘 통하게 하는
파 • 367

세균에 저항하고 염증을 가라앉
히는 효능
마늘 • 368

음식 소화와 더부룩함을 제거
무 • 369

야맹증, 소갈증에 좋은
시금치 • 370

소변을 잘 나오게 해서 붓기를
없애주는
어성초 • 371

혈의 운행을 활발히 하여 통증을
그치게 하는
가지 • 372

폐에 생긴 여러 가지 염증으로
기침이 나는 것에 좋은
꽈리(산장) • 373

만성기관지염, 유선염, 악성종양
에 좋은
까마중(용규) • 374

유방에 옹이 생긴 병에 좋은
느릅나무 • 375

출혈을 멈추는 효능
수리딸기(산매) • 376

간염. 외용은 부어오른 종기, 뾰
루지에 사용되는
감국 • 377

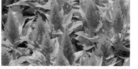

소변에 피가 섞여 나오는 증상에
좋은
맨드라미(계관화) • 378

혈의 운행을 활발하게 하는
찔레나무 • 379

위염, 위궤양 등에 효과가 있는
가막사리 · 380

가래를 삭이고 풍을 없애주는
보리수 · 381

열을 내려주고 해독작용
금메밀 · 382

몸의 피로도로 판단하는 자가 진단법

휴식 후에도 피로가 회복되지 않는 것은 영양의 밸런스를 어긋나기 때문으로 식단을 조절할 필요가 있다.

다음은 피로도 진단 테스트로 항목에 1점씩을 가산하면서 계산하면 된다.

- 아침에 일어날 때 눈뜨기가 어렵다.
- 아침식사를 먹지 않을 때가 많다.
- 통근버스나 지하철 안에서 쏟아지는 졸음으로 독서할 수가 없다.
- 점심식사 시간을 기다리기가 몹시 지루하다.
- 건널목을 달려서 건너면 숨이 몹시 찬다.
- 지하철을 기다릴 때 의자에 앉는 경우가 많아졌다.
- 주말에 출근할 때 몹시 힘들다.
- 식사량이나 활동량은 항상 같지만 살이 빠진다.
- 휴일이나 쉬는 날에는 하루 종일 누워서 뒹군다.
- 성욕감퇴를 매우 민감하게 생각한다.

점수별 피로진단

2가지 해당 : 스태미나가 충분하지만 방심하면 도로 아미타불이다. 이럴 경우엔 한 가지만 집중하면서 자중해야 한다.

3~6가지 해당 : 정력 감퇴에 대한 스트레스를 받는데, 이때는 충분한 휴식과 식단을 바꿔야한다.

7~10가지 해당 : 조금 남아있는 스태미나까지 완전히 소모되기 직전의 상황이다.

소변으로 판단하는 자가 진단법

소변으로 당뇨나 다른 질병을 진단하거나 식사나 운동 상태 등을 확인할 수가 있다.

● 배뇨할 때 통증이 나타날 경우
이럴 때는 요도염일 가능성이 높다.
● 배뇨할 때 시간이 오래 걸릴 경우

이럴 때는 전립선 비대일 가능성이 높다.
● 배뇨할 때 혈뇨가 나오는 경우
이럴 때는 요로결석, 전립선비대, 신장염 등일 가능성이 높다.
● 배뇨할 때 소변이 탁할 경우
이럴 때는 요도염, 방광염일 가능성이 높다.
(5) 배뇨할 때 오줌에서 새콤한 냄새가 날 경우
이럴 때는 당뇨병일 가능성이 높다.
● 배뇨할 때 소변의 양이 적을 경우
이럴 때는 신장병, 심부전, 간장병일 가능성이 높다.
● 배뇨할 때 소변의 양이 많을 경우
이럴 때는 당뇨병, 만성 신염일 가능성이 높다.
● 소변을 보는 횟수가 잦을 경우
이럴 때는 방광염, 요로결석일 가능성이 높다.
● 배뇨할 때 소변이 잘 나오지 않을 경우
이럴 때는 배뇨장애일 가능성이 높다.

1일 1000㎖를 배뇨하자

소변은 몸속의 노폐물을 인체 밖으로 배출하고 있기 때문에 매일 어느 정도를 배출해야만 한다. 예를 들어 성인이 하루 550㎖ 이하일 때는 핍뇨, 50㎖ 이하일 때는 무뇨라고 한다. 건강한 성인은 하루에 800~1500㎖의 소변을 배출한다. 소변의 양이 적은 것을 질병의 원인도 있지만 수분섭취량이 적은 것이 대부분이다. 따라서 건강하기 위해서는 수분을 많이 섭취하는 것이 바람직하다.

체중을 이용하는 자가 진단법

현대인들에게 비만은 모든 성인병의 원인이기 때문에 체중이 너무 적거나, 너무 많아도 문제가 된다. 그래서 건강을 유지하기 위해서는 가장 먼저 체중조절부터 해야 한다.

체격지수(BMI) 계산법

신장과 체중으로 체격지수(BMI=Body Mass Index)를 산출해 비만을 판정하는 방법으로 통상적으로 사용되는 공식이다.

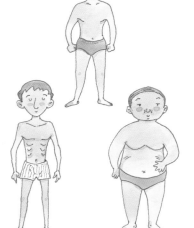

체중(kg) ÷ (신장cm × 신장cm)

■ 비만판정의 종류

비만을 판정할 때는 표준체중, 체격지수, 체지방 등으로 측정한다.

표준체중으로 산출하는 방법

브로커 변법

(신장cm − 100) × 0.9 = 표준체중kg

[(체중kg − 표준체중kg) ÷ 표준체중kg] × 100 = 비만도(%)

판단기준은 +20%이상이면 비만, +10~20%이면 과체중, ±10%이내면 정상, −10~20%는 체중감소, −20%는 마른체중이다.

체격지수로 산출하는 방법

유아 카우프 지수

[체중kg ÷ (신장cm × 신장cm)] × 10

● 20이상이면 비만

아동로렐 지수

[(체중kg × 10⁷) ÷ (신장cm × 신장cm)

● 160이상이면 비만

3) 성인BM

　　[체중kg ÷ (신장cm × 신장cm)]
　　●26.4이상이면 비만, 20미만이면 마른 편, 20이상~24미만이면 정상, 24이상~26.4미만이면 과체중이다

체형을 이용한 자가 진단법

　식사개선과 꾸준한 운동을 한다면 성인병 발병률이 높은 사과모양체격에서 탈출할 수 있다.

허리치수 ÷ 히프치수 = 0.8
●0.8이상이면 사과모양, 0.8이하면 배모양 체중이 된다.
이것은 필요 없는 지방이 신체의 어떤 부분에 쌓여있느냐에 따라 사과모양과 배 모양의 비만으로 나눠지는 것이다.

피하지방으로 산출하는 방법
위팔 뒤쪽 가운데와 견갑골 아래쪽 2군데의 피하지방 두께를 더한 치수로 산출하는 방법이다.
위팔 +견갑골 = 비만
●남성은 35mm이상, 여성은 45mm이상이면 비만이다.

사과형비만은 위험!
성인병의 원인인 비만은 단순히 표준체중보다 체중이 많다는 것이 아니다. 다시 말해 비만이란 체지방의 과잉 축적을 말한다. 이런 체지방이 인체 어떤 부위에 쌓여있는 것이냐에 따라 문제가 되는 것이다. 예를 들어 지방이 복부에 쌓이는 체형은 사과모양(내장비만형)의 비만이 되고, 엉덩이나 허벅지에 쌓이면 배 모양(피하지방형)의 비만이 된다. 이 가운데 내장비만형은 지질대사나 당질대사에 심각한 영향을 미쳐 다양한 성인병을 유발시킨다. 이런 경우는 중년 이상의 남성들에게 흔하다. 따라서 식사개선과 함께 꾸준한 전신운동이 필요하다.

얼굴을 이용하는 자가 진단법

자신의 건강을 위해서 날마다 거울을 보고 관찰하는 습관이 중요하다. 이때 얼굴색뿐만 아니라 얼굴 모양도 살펴봐야 한다. 빈혈이나 영양실조는 얼굴로 판단할 수가 있는데, 이럴 경우에는 식사를 재검토하면 해결할 수가 있다.

● 얼굴이 붉어질 경우
고혈압이나 심장병일 가능성이 높다.
● 얼굴이 창백해질 경우
지속적으로 이어지면 중증의 빈혈일 가능성이 높다.
● 얼굴 일부분이 붉어질 경우
코에서 양 뺨에 걸쳐 나비모양이면 전신성 엘리테마트데스일 가능성이 높다.
● 얼굴전체가 노란빛을 띨 경우
황달일 가능성이 높다. 또한 눈 흰자까지 노란색일 때도 마찬가지이다.
● 입술이 보랏빛을 띨 경우
심장병이나 폐질환이거나, 빈혈일 가능성이 높다.

● 얼굴에 부기가 있을 경우
급성 신염, 네프로제 증후군 등의 신장질환과 갑상선 기능 저하증일 가능성이 높다.
● 얼굴에 기미가 나타날 경우
간장 질환이나 원발성 만성 부신피질기능 저하증(아디슨병)일 가능성이 높다.
● 얼굴이 변형이 나타날 경우
얼굴 모양은 이비인후과 질병이나 구강질환으로도 달라질 수가 있다. 귀 아래가 부었다면 유행성 이하선염일 가능성이 높다.

눈으로 판단하는 자가 진단법

최근 들어 젊은 사람들도 비타민 A 부족으로 야맹증에 시달리는 경우가 많아졌다.

● 안구결막일 경우
노란색이면 황달일 가능성이 높다.
● 결막(안검결막)일 경우
흰색이면 빈혈일 가능성이 높다.
● 안검황색종이 나타날 경우
눈꺼풀일부가 노란색 기미가 있으면 혈청 콜레스테롤이 높을 가능성이 높다.
● 각막륜일 경우
젊은 나이에도 불구하고 흰줄이 있으면 동맥경화일 가능성이 높다.
● 결막출혈일 경우
충혈로 붉은 색이면 결막염일 가능성이 높다.

눈으로 간단하게 진단하는 방법은 윙크이다.
먼저 왼쪽 눈을 감고 오른쪽 눈으로 보고 이상이 없으면 반대로 해본다. 이런 방법으로 발견하지 못했던 가벼운 시각 이상을 찾을 수가 있다. 만약 전체적으로 잘 보이지 않거나, 물체가 이중으로 보이거나, 밝아도 잘 보이지 않거나, 뿌옇게 보이거나 하면 백내장, 녹내장, 당뇨병 등을 의심해볼 필요가 있다. 반드시 알아야 할 것은 눈의 가벼운 이상이라도 치료하지 않으면 실명할 수 있다. 이럴 경우에는 전문의에게 진단을 받는 것이 좋다.

손톱으로 판단하는 자가 진단법

손톱이 약해져 잘 부러지거나 휘어지고 가운데가 팬 증상이
나타나면 식단을 확인할 필요가 있다.

●손톱이 길게 길이로 갈라지거나 벗겨질 경우
매니큐어 때문일 수도 있지만 세제나 맨손으로 흙을 만졌을 가능성이
높다.

●손톱이 두꺼워지면서 탁해질 경우
이럴 경우는 대부분이 진균증일 가
능성이 높다.
●발톱이 살 속으로 파고 들어갈 경
우
이럴 경우는 발에 끼는 신발을 신
었을 때이다.
●손톱이 굴곡이 되거나 스푼모양으
로 휠 경우
이럴 경우는 손톱주변에 염증이 생
겼을 가능성이 높다.
●손톱이 커질 경우
이럴 경우는 만성 폐질환이나 심각
한 심장병일 가능성이 높다.

●손톱의 색깔이 변할 경우
이럴 경우는 채식으로 인해 단백질이 부족하기 때문이다.
●손톱의 색깔이 탁해지거나 검어지거나 두꺼워질 경우
이럴 경우는 진균증일 가능성이 높다.
●손톱이 하얗게 변할 경우
이럴 경우는 진균증일 가능성이 높다.
●손톱이 노랗게 변할 경우
임파부종일 가능성도이 높다.
●손톱이 녹색으로 변할 경우
녹균감염증일 가능성이 높고, 심각한 전신질환을 동반할 수가 있어 전
문의를 찾아야 한다.

입과 혀로 판단하는 자가 진단법

 과거와 달리 아연부족으로 미각장애를 호소하는 사람들이 늘어나고 있다. 다시 말해 미각이 변했다는 약간의 증세가 있으면 먼저 식생활을 확인하는 것이 좋다.

● 목 안이 건조할 경우
특별한 원인이 없는데도 불구하고 지속적으로 목이 마르면서 소변의 양이 늘어난다면 당뇨증이나 당뇨를 의심해봐야 한다.

● 혀 둘레에 흰 반점이 생길 경우
통증이 없고 혀 둘레에 흰 반점이 생기면 아프타성 구내염이나 교원병을 의심해봐야 한다.

● 잇몸에 출혈이 있을 경우
이럴 경우에는 치주염을 의심해봐야 한다.

● 구강(입안)이 자주 헐 경우
이럴 경우에는 구내염 등을 의심해봐야 한다.

● 입에서 악취가 날 경우
이럴 경우에는 충치나 치조농루를 의심해봐야 한다.

● 입술 색이 건강한 붉은 색이 아닐 경우
이럴 경우에는 심장병이나 폐질환을 의심해봐야 한다.

● 입술이 촉촉하지 않고 거칠 경우
이럴 경우에는 비타민 부족이나 위장장애를 의심해봐야 한다.

● 맛을 전혀 느낄 수가 없을 경우
이럴 경우에는 미각장애를 의심해봐야 한다.

편식이 미각장애의 원인이다.

미각장애의 원인은 신경이나 뇌 장애를 비롯해 노화와 편식에 의해 나타나는 경우가 많다. 예를 들면 가공식품, 인스턴트식품을 많이 섭취하거나 편식이 심하면 아연이 부족해진다. 아연의 결핍은 혀 점막 세포의 성장을 더디게 해 맛을 느끼지 못하게 된다. 미각장애의 증상을 판단하기 위해서는 설탕, 식염, 쓴맛, 신맛 등을 혀로 직접 맛을 보면 알 수가 있다. 이때 주어진 맛을 판단하지 못하면 미각장애인 것이다. 이런 증상이 감지되면 속히 병원을 찾아야 한다.

피부색깔로 판단하는 자가 진단법

자가 치료로 피부트러블을 해소할 수 없을 때는 식단을 재검토할 필요가 있다.

●피부에 발진이 나타날 경우
이럴 때는 여러 가지 원인이 일을 수가 있기 때문에 피부과 전문의를 찾는 것이 중요하다.

●피부에 난 점의 색깔이 진해졌을 경우
이럴 때는 햇빛에 많이 노출되기 때문이다.

●피부에 난 점이 커지거나 주변이 붉어지거나 윤기가 날 경우
이럴 때는 피부암 같이 중대한 질병이 있을 수도 있기 때문에 주의가 필요하다.

●발가락이 가려울 경우
무좀일 가능성이 매우 높다.

●갑자기 온몸에 땀이 많이 날 경우
이럴 때는 신체의 어딘가에 이상이 있을 수가 있다. 예를 들면 심장병, 갱년기 장애, 갑상선 이상 등이다.

●가려움증이 나타날 경우
부분적인 가려움은 접촉성 피부염일 수가 있고, 전신이 가려우면 당뇨병, 간장병 등의 병일 가능성이 높다.

비듬은 머리습진이다
비듬이 많다는 것은 신진대사가 원활하기 때문에 생기는 것으로 그만큼 젊다는 것을 말해준다. 하지만 비듬이 너무 많으면 두피에 이상이 있는 것이다. 다시 말해 머리 부분에 습진이 생긴 것이다. 원인은 샴푸나 린스를 많이 사용하면서 헹굼 부족, 체질과민 등으로 나타나는 것이다.

대변으로 판단하는 자가 진단법

배변으로 영양 상태를 알아보기 위해서는 배변횟수나 내용을 확인하면 된다.

● 배변 전후에 피가 섞여 나올 경우
이럴 때는 치질일 가능성이 높지만, 변 전체에 섞여 있으면 궤양성 대장염, 대장게실증 등을 의심해봐야 한다.
● 변비에 방귀가 잘 나오지 않고 배가 댕길 경우
이럴 때는 장폐색일 가능성이 높다.
● 배변 시 항문에 통증이 있을 경우
이럴 때는 치핵일 가능성이 매우 높다.
● 변 색깔이 검은색일 경우
이럴 경우 위장이나 십이지장의 출혈일
가능성이 높다.
● 변이 시원하게 나오지 않고 남아있거나
굵기가 가늘어졌을 경우
이럴 증상이 지속되면 대장암이나 직장
암일 가능성이 높다.
● 설사가 계속될 경우
급성일 때는 간단한 감염이지만, 과식
이나 만성일 때는 위장질병일 가능성이
높다.

배변횟수나 양을 확인하자
보편적으로 배변횟수와 양이 적고 나흘 이상 배병이 없을 경우를 변비라고 한다. 식이섬유를 많이 섭취해 아침식후 배변을 습관화하면 하루종이 컨디션이 좋아진다. 변비가 있으면 배변횟수와 양, 증상이 나타난 시기와 지속성, 체중감소 등을 기록해 전문의에게 보여줘야 적확하게 진단할 수가 있다.

봄철의 산나물 들나물은 우리의 입맛을 살려줄 뿐만 아니라 추위에 움추렸던 몸의 신진대사가 활발해지면서 부족해지기 쉬운 비타민, 무기질 등 필요한 영양소를 공급해 봄철 피로감 및 춘곤증을 이기는데 도움을 준다.

어느 한 보고서에 의하면 한 끼 식사에서 냉이 30g(7~10개), 참나물 40g(10~15개)과 취나물 45g(20~30개)을 먹을 경우 일일 영양소기준치 대비 비타민A 101%, 비타민C 35%, 비타민B2 23%, 칼슘 20%를 섭취할 수 있다고 한다.

일부 산나물 들나물을 잘못 섭취할 경우 식중독을 일으킬 수 있고 봄철 산행 시 독초를 나물로 오인해 섭취하는 경우가 발생하고 있으므로 주의가 필요하다. 산나물 올바른 식용방법 살펴보면 달래, 돌나물, 씀바귀, 참나물, 취나물, 더덕 등은 생으로 먹을 수 있지만, 두릅, 다래순, 원추리, 고사리 등은 식물 고유의 독성분을 함유하고 있어 반드시 끓는 물에 데쳐 독성분을 제거한 후 섭취해야만 한다.

특히 원추리는 성장할수록 콜히친(식중독사고의 원인이 되는 독성물질)이란 독성분이 강해지므로 반드시 어린 순만을 섭취해야 하며, 끓는 물에 충분히 데친 후 차가운 물에 2시간 이상 담근 후 조리해야 한다. 산나물 들나물 조리 시에 소금은 되도록 적게 넣고 소금 대신 들깨가루를 사용하는 것이 좋고 생채의 경우는 소금보다 식초를 넣으면 산나물이 가진 본래의 향과 맛을 살리면서 동시에 저 나트륨 음식으로 즐길 수 있다.

산나물 들나물 채취 시 주의사항과 보관법

독초를 산나물 들나물로 오인해 식중독 사고가 발생하는 경우가 있으므로 산나물에 대한 충분한 지식이 없는 경우에는 야생 식물류를 함부로 채취하거나 섭취하지 말아야 한다. 또 도시 하천변 등에서 자라는 야생 나물은 농약, 중금속 등의 오염이 높을 수 있으므로 가급적 채취하지 않는 것이 좋다. 주로 생채로 먹는 달래, 돌나물, 참나물 등은 물에 담갔다가 흐르는 수돗물에 3회 이상 깨끗이 씻은 후 조리하면 잔류농약, 식중독균 등으로부터 안전하게 섭취할 수 있다.

아울러 봄나물을 보관할 때는 뿌리에 묻어 있는 흙은 제거하고 비닐이나 뚜껑 있는 용기에 담아 냉장 보관하면 봄나물 고유의 향기와 영양성분을 오래 동안 보존할 수 있다.

산나물 채취 시기와 채취 방법

산나물 중 제일 먼저 나는 것은 쑥부쟁이와 두릅이고 이어서 원추리, 취나물, 고비, 홑잎나물 등이 차례로 저지대에서 나기 시작한다. 고산으로 올라가면 참나물, 모시대, 잔대, 참취, 곰취, 단풍취, 바디나물 병풍취 등이 난다. 정확한 시기는 정해져 있지 않지만 저지대는 4월 중순~5월 초순, 중고지대는 5월 초에서 5월 하순까지에 채취한다. 6월 이후가 되면 나물이 세어져 먹기가 곤란하며 해발 1,000m 이상 고지대의 경우 6월 초순까지 채취할 수가 있다.

산나물을 뜯는 데는 특별한 장비가 필요 없다. 목장갑과 산나물을 담을 봉지나 바구니만 갖추고 산나물의 잎을 조심스럽게 손으로 뜯으면 된다.

1. 산나물의 이름을 알고 있어야 한다.

   이름을 알아야 채취를 할 수 있고 독초에서 벗어날 수 있다.

2. 발밑을 잘 보고 어린 순을 밟지 않도록 하여 죽이는 일은 없어야
   한다..

3. 산나물 중 뿌리를 먹는 것들은 별로 없기 때문에 뿌리 채 뽑는 것은
   성장에도 도움이 되기 때문이다.

4. 산나물 채취하러 손으로 채취한다. 산나물의 뿌리를 다치지 않게
   해서 내년에도 뜯을 수 있게 해준다.

5. 한 포기의 잎을 모두 뜯으면 산나물이 죽을 수도 있기 때문에 여러
   포기에서 조금씩 뜯는 것이 좋다.

6. 필요한 양 만큼만 딴다.

7. 한번 딴 싹에서 나온 새싹은 마저 따지 않는다.

   두릅의 경우 한번 따고 올라 온 순을 다시 따면 죽게 된다.

8. 합법적인 채취를 해야 한다.

   산골 지역의 주민뿐 아니라 일반인도 산나물 채취를 하기 전에 산림
   소유자에게 사전 동의를 받는 게 원칙이다. 쉽게 생각할지는 모르나
   불법채취는 엄연한 범죄이며 현행 산림법상 산림 내 산나물, 산약초
   등의 임산물은 소유자의 동의를 얻어야 하며, 불법 채취는 관련법에
   따라 7년 이하의 징역이나 2천만 원 이하의 벌금형을 받게 된다.

삼지구엽초와 꿩의 다리

삼지구엽초의 난형 잎의 길이는 5~13.5cm, 너비는 1.5~7.2cm정도이고, 가장자리는 '털' 같은 잔 톱니가 있다. 삼지구엽초는 전체를 식용과 약용으로 쓰인다.

꿩의 다리의 잎은 길이 1.5~3.5cm, 넓이 1~3cm로 작고, 3~4개로 갈라지고 끝이 둥글다. "꿩의 다리"도 잎, 줄기, 종자를 약용 및 식용으로 이용할 수 있지만, 성숙한 개체는 독성이 있어서 식용할 수 없다.

산마늘과 박새

산마늘은 식물 전체에서 강한 마늘 냄새가 난다. 뿌리는 파뿌리와 비슷하게 생겼고, 한 20~30cm 된다. 잎은 4~7cm되고. 2~3장 달려 있다.

박새는 잎이 여러 장 촘촘히 어긋나 있고, 잎의 아랫부분은 줄기를 감싸고 잎의 가장 자리에 털도 있고, 큰 잎 길이가 20cm, 너비는 12cm는 된다. 맥이 많고 주름이 뚜렷 해서 잘 구별된다.

우산나물과 삿갓나물

우산나물은 잎의 가장자리가 잘게 갈라진 (거치) 잎이 깊게 2열로 갈라진 것이 5~9 개가 돌려나는 것이 특징이다.

삿갓나물은 줄기 끝에 잎의 가장자리가 갈 라지지 않은 잎이 6~8장이 돌려나는 특징 이 있다. 삿갓나물의 뿌리도 우산나물의 뿌 리처럼 약용으로 이용할 수는 있지만, 독성 이 있어 소량만 사용해야 한다.

곰취와 동의나물

곰취는 잎이 부드럽고 미세한 털을 가지고 있으며 뿌리는 약용, 잎은 식용으로 쓰인다.

동의나물도 곰취의 잎과 비슷하게 생겼지만 다른점은 앞과 뒷면에 유채가 나고 두껍다. 동의나물도 뿌리를 약용으로 이용할 수 있지만, 독성이 매우 강해서 직접 먹지 않는다.

머위와 털머위

머위는 이른 봄에 꽃이 먼저 피며 잎에는 부드러운 털이 있다.

털머위는 잎이 짙은 녹색으로 두껍고 표면에 윤기가 나며 상록성으로 갈색 털이 많다. 털머위는 머위와 비슷하지만 독성을 가지고 있다.

하수오와 박주가리

하수오와 박주가리는 둘 다 덩굴성이여서 비슷하다. 하수오의 잎은 줄기에서 어긋나고(호생), 잘랐을 때 유액이 나오지 않는다.

박주가리의 잎은 줄기에서 서로 마주나며(대생) 잎을 자르면 흰색 즙이 나오는 것이 특징이다. 박주가리의 뿌리도 약용으로 이용할 수 있지만, 독성이 강하여 나물로 먹지 않는다.

원추리와 여로

원추리 기부는 섬유로 싸여 있지 않고 털도 없고, 좁은 잎(1~2.5cm)은 아랫부분에서 서로 포개져 나온다. 잎은 주름지지 않았다.

여로는 원줄기 아랫부분에 그물과 같은 섬유로 싸여 있고, 잎에 털이 많고 길고 넓은 (3~5cm) 잎은 대나무 잎처럼 나란히 맥이 많고 주름이 뚜렷해서 잘 구별된다. 여로의 뿌리도 원추리처럼 약용으로 이용할 수는 있지만, 독성이 강하니 바르는 용도로만 사용한다.

특히 주의를 요하는 산야초(독초)

▷ 미치광이풀

뿌리를 드물게 외용하거나 특정 성분 추출용으로 쓰기도 하는데, 복용하면 위험하다.

▷ 지리강활

당귀와 매우 흡사하기 때문에, 오인해서 채취해 먹고 사망한 경우가 종종 있으므로 특히 주의해야 한다.

▷ 독미나리

미나리로 오인하여 채취해 먹으면 위험하다.

▷ 산자고

인경을 약용으로 간혹 쓰는데, 적절한 가공을 거치지 않고 다량 복용하면 위험하다.

▷ 꽃무릇(석산)

민간이나 한방에서 약용으로 쓰는 경우가 간혹 있는데, 과량 복용하면 위험하다.

▷ 족두리풀

한방에서 뿌리를 약용으로 쓰는데, 이를 믿고 적절한 가공을 거치지 않고 과용하면 위험하다.

▷ 자리공

뿌리를 외용하는 경우가 간혹 있는데, 과량 복용하면 위험하다. 자리공은 조선시대 역모를 다스릴 때 사약의 한 재료였음을 기억해야 한다.

▷ 붓순나무

열매를 가축의 피부 기생충 구제용으로 쓰거나 민간에서 특정 곤충의 퇴치용으로 쓰는 경우가 있으나 복용하면 위험하다.

▷ 주엽나무(조각자나무)

열매와 가지를 약용하는 경우가 드물게 있는데, 적절한 가공을 거치지 않은 것을 과용하면 위험하다.

▷ 멀구슬나무

민간이나 한방에서 나무와 뿌리껍질을 외용하는 경우가 드물게 있는데, 과용하면 위험하다.

▷ 나팔꽃

씨앗을 약용하는 경우가 드물게 있는데, 적절한 가공을 거치지 않고 과용하면 위험하다.

주의를 요하는 식물들

▶ 노랑투구꽃

 산행할 때 이 풀의 잎을 따서 입에 물고 다닌 다든가 손으로 비비면 생명에 위협을 받을 수 있어 주의해야 한다.

▶ 피나물

 중부, 북부지방의 깊은 산 숲속에서 자람. 4~5 월에 노란 꽃이 피며 줄기를 자르면 주황색 유 액이 나온다. 독성이 강하다.

▶ 애기똥풀

 양귀비과의 두해살이풀로 전국 산과들, 길가 빈터에 자라며 5~7월에 노란 꽃이 피며 줄기를 자르면 노란 유액이 나오고 독성이 강하다.

▶ 점현호색

 잎에 흰 반점이 있으며 여러살이 풀이다. 독성 이 있고 들현호색, 왜현호색 등도 먹을 수 없 다.

▶ 미치광이풀

 전국각지의 깊은 산 숲속에 자라며 4~5월에 자주색 꽃이 피고 30~60cm쯤 되며 독성이 강 하다.

▶ 꽈리

 중부, 북부지방의 산 낮은데서 자라며 집근처에 관상초로 심기도 한다.간혹 열매를 먹기도 하지만 새싹이나 뿌리는 독이 있어 먹을 수 없다.

▶ 홀아비바람꽃

 중부지방의 깊은 산 숲속에 자라며 4~5월에 흰 꽃이 피고 10cm안팎이다. 여러해살이 풀로 독성이 있어 먹을 수 없다.

▶ 꿩의 바람꽃

 고개를 숙인 듯 서있으며 해가 뜨면 국화처럼 생긴 꽃이 피고 여러해살이풀이며 독성이 있어 먹을 수 없다.

▶ 동의나물

 산골짜기의 습기 있는 냇가에 자라며 풀잎에 털이 없고 가지가 옆으로 뻗는다. 곰취와 잎을 구별해내기 어려울 정도로 잎이 비슷하다.

▶모데미풀

 남부, 중부지방의 깊은 산속에 자라며 5월에 흰 꽃이 핀다. 꽃은 흰 별꽃 모양으로 먹을 수 있는 참나물과 잎이 비슷하다.

▶ 투구꽃

 바람꽃이라고 부른다. 전국의 산지 고원에 자라며 양의 자주색 꽃이 핌. 봄에 새싹이 나올 때 먹을 수 있는 붉은참반디와 잎이 비슷해 주의해야 한다.

▶ 박새

 전국의 깊은 산지, 고원지대에 무리로 자라고 높이 150cm안팎이며 7~8월에 흰 꽃이 핀다. 봄에 어린순 나올 때 산마늘로 착각하는 경우가 있다. 산마늘은 양파 같은 한 개의 꽃이 피지만 박새는 원줄기를 형성하여 큰 잎이 많이 달린 것이 특징이다.

▶ 여로

 전국의 산초원에 자라는 맹독성식물이다. 높이 1m 안팎이고 7~8월에 자주색, 흰색, 녹색 등의 꽃이 피며 잎이 새로 날 때는 산마늘, 참나리, 둥글레와 비슷해 보이므로 주의해야 한다. 그러나 풀잎이 크면 난초 잎처럼 길게 자라 밑으로 꺾인다.

▶ 은방울꽃

 높이 30cm안팎이며 5월에 은방울 모양의 꽃이 피고 향기가 강하다. 약으로 쓰이기도 하지만 독이 있어 먹지 못한다. 새싹이 나올 때는 우리가 즐겨먹는 둥글레, 말나리, 참나리, 하늘말나리 털중나리, 풀솜대, 죽대아재비와 구분하기 어려움.

▶ 천남성

 여러해살이풀로 50cm안팎이고 전국각지에서 흔히 볼 수 있는 식물. 천남성과의 모든 식물은 맹독성 식물이어서 주의해야 한다. 새순이 나올 때 먹을 수 있는 싱아, 호장근과 비슷하다.

▶ 참동의나물

 4~5월에 노란 꽃이 피고,50cm안팎이고 동의
나물과 거의 비슷하게 생겼지만 잎자루만 더 길
다. '나물'이라고 부르지만 먹지 못하는 풀이다.

▶ 삿갓나물

 6~7월에 노란 꽃이 피고 높이는 20~40cm쯤
되며 풀잎이 줄기를 중심으로 수레바퀴 모양으
로 달리고 꽃이 거미모양임. 독성이 강해 먹을
수 없다.

▶ 진범

 8~9월에 자주색 꽃이 피고 높이는 30~80cm
쯤 되며 꽃은 벌레처럼 생김. 여러해살이 풀이
고 독성이 강해 먹을 수 없다.

▶ 흰진범

 중부지방의 깊은 산에 자라며 약간덩굴성을 띠
는 맹독성식물. 높이는 2m정도 되며,7~8월에
흰 고깔 모양의 꽃이 핀다.

독초구별법

1. 독초는 생김새 산나물과 혼동하기 쉬운 독초의 종류 및 구별법자체가
   독특하게 생겼다.
   독초를 정확하게 구분하기 위해서는 독초에 대한 지식이 필요하다.
   나물로 착각하는 일을 없도록 사전에 독초의 잎과 꽃, 그리고 열매의
   생김새를 파악하는 것이 중요하다.

2. 독초는 식물 꽃과 잎, 그리고 열매의 빛깔이 강렬하며 윤기가 흐른다.
   산나물로 채취하였는데 잎이나 꽃, 그리고 열매의 색깔이 유난히 윤
   기가 흐른다면 일단 독초로 의심해 보아야 한다. 개구리자리, 젓가락
   나물, 투구꽃이나 현호색, 미치광이풀과 같은 독초는 잎과 줄기, 그리
   고 꽃 전체가 번들거리며 윤기가 나는 게 특징이다. 맹독성을 가지고
   있는 산나물은 또한 강렬한 색깔의 꽃을 띄우며 두꺼운 잎에 번들거
   리며 윤기가 흐른다. 대체적으로 미나리아재비과의 식물은 독성식물
   이다.

3. 독초는 특유의 불쾌한 냄새를 가지고 있다.
   산나물 채취 시 잘 알지 못하는 식물에서 역한 냄새가 난다면 한번쯤
   독초로 의심해봐야 한다. 산나물은 대체적으로 향긋하고 독특한 향내
   를 가지고 있다. 이에 비해 독초는 산나물과 달리 불쾌한 냄새를 지니
   고 있다. 유독성분을 갖고 있으면 잎을 비비거나 줄기를 꺾으면 역겨
   운 냄새가 난다.

4. 독초는 피부에 좋지 않은 반응을 보인다.
   독초로 의심이 간다면 산나물을 꺾어 나온 액을 손목 안쪽에 발라 보
   는 것도 한 방법이다. 피부는 독성에 민감하기 때문에 독초의 액이 피

부에 묻으면 물집이 잡히거나 발진이 일어나기도 한다. 피부가 가렵거나 또는 따가운 느낌이 들면 독초로 의심해 보아야 한다.

5. 독초를 맛으로 구분하지 마라.

피부에 독초의 액을 바르기만 해도 발진과 통증을 가져오는 맹독성 식물을 혀끝에 대보는 것만으로도 정신을 잃거나 심한 중독현상이 일어날 수 있다. 독초는 혀끝에 닿기만 해도 목이 타는 듯한 자극을 느낀다고 한다. 독초인지 의심스러운데 물어볼 전문가도 없는 산 속이라면 곤충이나 벌레를 채취한 식물 위에 올려놓고 반응을 살펴보는 것도 한 방법이다. 물론 이러한 방법도 독초를 구별하는 안전하고 바람직한 방법은 절대 아니다.

6. 벌레가 먹은 흔적 또는 초식동물이 먹는 식물인가 살펴본다.

초식동물은 일반적으로 독성이 없는 풀을 가려 먹는 것으로 알려져 있다. 따라서 벌레 먹은 흔적이 없거나 초식동물이 먹지 않는 식물이라면 일반적으로 독초일 가능성이 높다. 독초의 잎을 자세히 살펴보면 대체적으로 벌레가 먹은 흔적이 거의 없다. 그러나 이러한 방법으로 독초여부를 판단하는 것은 또한 위험한 생각이다. 간혹 독성에 강한 곤충들은 독초에 견뎌낼 수 있는 내성을 가지고 있기 때문이다.

7. 전문가의 도움을 받아라.

산나물과 생김새가 비슷한 독초는 의외로 많다. 물론 잎과 줄기, 꽃, 열매 식물의 특징을 비교하면 산나물인지 독초인지 구별할 수 있다. 그러나 이러한 식물의 특징을 확인할 수 없는 봄철 새싹만을 보고 독초와 산나물을 정확하게 구별하기는 전문가도 쉬운 일이 아니다. 만

일 독초로 의심되는 나물을 채취한 곳이 곳이라면 그 마을에 살고 있
는 주민이나 노인 분들에게 문의해보는 것이 현실적이고, 좋은 방법
이기도 하다.

8. 나물이라는 이름이 붙어있는 독초

'나물'이라는 이름이 붙은 식물 중에 독초가 있다는 사실을 아는 이
들이 많지 않다. 이를 나물로 잘못 알고 섭취하였다가는 화를 당할 수
도 있다.

'개발나물', '대나물', '동의나물', '삿갓나물', '요강나물', '젓가락
나물', '피나물' 등은 '나물'이라는 이름이 붙었지만, 독성이 있어 먹
을 수 없는 식물이다. 그 중에서도 '동의나물', '삿갓나물', '요강나
물'은 맹독성 식물로 분류된다. 이러한 식물들을 섭취했을 경우 구토
와 발진 설사, 복통, 구토, 현기증, 경련, 호흡곤란 등의 증상이 나타
난다. 심하면 생명을 잃을 수도 있음은 물론이다.

독초에 중독되었을 경우

독초를 잘못 먹어서 중독되면 설사, 복통, 구토, 현기증, 경련, 호흡 곤란 같은 증상이 나타난다. 이런 경우에선 우선 응급처치로서 재빨리 입안에 손가락을 넣어 위안의 내용물을 다 토해내게 하고 따뜻한 물이나 진한 녹차를 먹이고는 의사에게 보이는 것이 최선의 방법이다. 독성이 약한 것은 며칠 쉬면 회복되지만 그렇다고 중독되었을 때 가볍게 여기는 것은 매우 위험하다.

독초
구별방법

나물
채취방법

나물
식용방법

나물
약용방법

나물
조리방법

한국인의 제철 음식 보약

산나물

폐결핵, 기침, 당뇨병, 항암효과가 있는

각시둥글레

산과 들에 자라는 여러해살이풀이다.

생태

뿌리줄기는 가늘고, 길게 옆으로 뻗는다. 줄기는 높이 15-30cm로 곧추서며, 겉에 능선이 있다. 잎은 어긋나며, 2줄로 배열된다. 잎몸은 긴 타원형으로 잎 가장자리와 뒷면 맥 위에 돌기 같은 털이 난다.

효능

뿌리줄기를 약재로 폐결핵, 기침, 갈증, 당뇨병, 심장쇠약, 혈액순환개선, 자양강장, 항암효과가 있다.

채취시기

어린 줄기나 잎을 따서 국거리나 데쳐서 나무로 먹기도 한다.

먹는방법

어린줄기와 잎을 나물이나 국거리로 한다.

어린 잎이나 줄기는 부드럽기 때문에 살짝 데쳐야만 하는 나물이고 그래야 맛이 난다. 어린순을 삶아 초고추장을 찍어먹거나 말려 두고 기름에 볶아 먹고 뿌리는 솥에 쪄서 먹을 수 있다.

각시원추리

산지에서 자라는 숙근성 다년초로 포기 전체는 키가 작다.

생태

잎은 길이가 35~50cm 정도 자라고 폭은 0.6~1.5cm로 뒤로 처진다. 1화경에 2~5송이의 꽃이 핀다. 꽃대 높이는 40~70cm로 잎 길이와 비슷하거나 약간 길다.

효능

적용질환은 월경불순, 월경이 멈추지 않는 증세, 대하증, 유선염, 유액분비불량 등을 다스리는 약으로 쓰인다. 또한 소변이 잘 나오지 않는 증세와 소변이 혼탁할 때 치료약으로도 쓴다.

채취시기

봄철에 어린순을 채취하여 사용한다.

먹는방법

봄에 어린순을 채취하여 나물로 먹거나 국에 넣어 먹는다.

부드러운 맛이 나므로 가볍게 데쳐 물기를 짜낸 다음 그대로 간을 맞추면 된다. 고깃국에 넣어 먹으면 맛이 좋다.

관절염, 신경통, 간염에 좋은

갈퀴꼭두서니

여러해살이 덩굴풀이다.

생태

줄기에는 네 개의 모가 나 있고 모 위에 갈고리와 같은 작은 가시가 있다. 다른 풀이나 나무에 기대어 자라 올라가며 많은 가지를 친다. 마디마다 5~9장의 잎이 둥글게 배열된다.

효능

통경, 지혈, 소종 등의 효능을 가지고 있으며 피를 식혀 준다고도 한다. 적용질환은 관절염, 신경통, 간염, 황달, 만성기관지염, 월경불순, 자궁출혈, 토혈, 혈변, 악성종기, 코피가 날 때 등이다.

채취시기

어린순을 채취하여 사용한다.

먹는방법

식용법

어린순을 나물로 먹는다.

쓴맛이 강하므로 데친 다음 잘 우려내어 간을 맞출 필요가 있다.

약용법

신경통에 생뿌리를 소주에 담가 수개월 후에 약술로 만들어 마시면 효과적이다.

류머티즘 동통, 관절통에 좋은

갈퀴나물

갈퀴나물은 각처에서 나는 다년생 초본이다.

생태
생육환경은 햇볕이 잘 들어오는 곳의 경사지 비옥한 곳에서 자란다. 키는 80~180cm이고, 잎은 어긋나고 작은 잎은 길이는 1.5~3.0cm, 폭은 0.4~1.0cm이고 긴 타원형이거나 피침형이며, 엽축 끝에 2~3개로 갈라진 덩굴손이 있다.

효능
한방에서 류머티즘 동통, 관절통, 근육마비, 종기의 독기, 음낭습진 등의 치료에 사용한다.

채취시기
어린 순은 4월경에 채취한다.

먹는 방법
갈퀴나물은 어린 순을 데쳐 나물이나 된장국으로 먹는다.
아삭하게 씹히는 맛이 있다. 덩굴 끝, 어린잎, 어린 콩꼬투리만 먹는게 좋다.

발산작용이 강하여 외감성 두통, 오한, 발열에 좋은

강활

강호리라고도 한다.

생태

산골짜기 계곡에서 자란다. 높이는 약 2m로 곧게 서며 윗부분에서 가지를 친다. 잎은 어긋나고 잎자루를 가지며 3장의 작은 잎이 2회 깃꼴로 갈라진다.

효능: 발산작용이 강하여 외감성 두통, 오한, 발열 등에 쓰고 관절통, 근육경련마비, 견갑배통, 구안화사, 피부궤양 및 창진 초기의 오한, 발열, 동통 등에 쓴다. 약리작용으로 해열, 진통, 피부진균 억제, 심장근육 혈류량 증가작용이 있다.

채취시기

봄에 어린순을 채취하여 사용한다.

먹는방법

봄에 어린순을 채취하여 나물로 먹는다.

느낌이 좋으나 쓴맛이 강하여 끓는 물로 데친 다음 찬물로 담가서 여러 차례 우려내 간을 맞춰야 한다.

약용법

피를 잘 돌게 하고 통증을 멎게 하는 성질이 있어 특히 어깨가 쑤시고 아플 때 좋다. 어깨통증 치료에 하루 12g을 달여서 3회 나누어 마시면 좋다.

두통, 편두통, 각종 신경통에 좋은

개구릿대

여러해살이풀이다.

생태

높이 2m에 달하는 줄기는 굵고 길다. 줄기는 속이 비어 있으며 자줏빛이 돈다. 잎은 두세 번 깃털 모양으로 갈라지는데 전체적인 생김새는 세모꼴 모양이고 갈라진 잎 조각은 좁은 계란 꼴이다. 잎 뒤에는 털이 산재해 있고 흰빛이 돈다. 잎 가장자리에는 뾰족한 톱니가 있고 잎 몸이 잎자루로 흘러 날개처럼 된다.

효능

진통, 소종 등의 효능이 있고 풍기를 없앤다고 한다. 적용질환으로는 두통, 편두통, 각종 신경통, 복통, 치통, 안구의 통증 등을 들 수 있다.

채취시기

봄에 어린 순을 채취하여 사용한다.

먹는방법

봄에 갓 자라나는 순을 캐어다가 나물로 먹는다.

조금 매운맛이 있어서 데친 뒤 찬물로 담궈 여러 차례 헹궈내야 한다.

강장제로 쓰이는

개별꽃

여러해살이풀로 덩이뿌리를 가지고 있다.

생태

가느다란 줄기는 곧게 서서 15cm 정도의 높이로 자란다. 잎은 마디마다 2
장이 마주 자리잡고 있는데 아래쪽 잎은 주걱 모양이다.

효능

한약재로는 별로 쓰이고 있지 않으며 약효도 미상이다. 다만 덩이뿌리를
태자삼이라 하여 강장제로 쓴다.

채취시기

어린순을 채취하여 사용한다.

먹는방법

순하고 부드러운 맛이다. 때문에 즐겨 나물로 무쳐 먹는다.

담백하게 양념하여 맛을 돋우는 것이 좋다. 끓는 물에다 가볍게 데쳐 찬물
로 한 번 헹군 후 무쳐 먹는다.

약용법

잎과 줄기를 약으로 쓴다.

진해, 거담, 항균 등의 효능이 있는

개미취

전국의 산지의 숲속에서 자라는 여러해살이풀로 세계적으로는 분포한다.

생태

줄기는 곧추서며, 위쪽에서 가지가 갈라지고, 높이 100-150cm, 짧은 털
이 난다. 뿌리잎은 꽃이 필 때 마르며, 큰 것은 길이 50cm에 이른다. 줄기
잎은 어긋나며, 난형 또는 긴 타원형, 가장자리에 날카로운 톱니가 있고,
밑이 잎자루로 흘러서 날개처럼 된다.

효능: 진해, 거담, 항균 등의 효능이 있으며 천식, 각혈, 폐결핵성 기침, 만
성기관지염 등의 증세를 다스리는데 쓰인다. 또한 이뇨제로도 사용된다.

채취시기

어린순을 채취하여 사용한다.

먹는방법

취나물 종류의 하가지로 먹고 있으나 쓴맛이 강하여 데쳐서 여
러 날 흐르는 물에 우려낸 다음 말려서 조리해 먹는다. 오
래도록 갈무리해 두는 것은 쓴맛을 없애기 위한 것이다.

약용법

가래에는 잔뿌리를 말려 두었다 달여 먹으면 가래를
삭이고 피부에 윤기가 흐르게 하며 갈증도 멎게한다.
급성 기관지염, 폐농양에도 사용한다.

해열과 발한 효과가 강한

개시호

큰시호라고도 한다.

생태

 깊은 산의 나무 밑이나 풀밭에서 자란다. 높이 40~150cm이다. 줄기가 곧게 서며 위쪽에서 가지를 친다. 잎은 2줄로 어긋나고 뿌리에 달린 잎은 모여나며 긴 타원형이고 긴 잎자루가 있다. 줄기에 달린 잎은 2줄로 어긋 나며 잎자루가 없고 줄기를 감싸며 톱니는 없다. 길이 5~15cm, 나비 2~ 3.5cm이다.

효능

 해열과 발한 효과가 강함, 방통, 생리불순, 생리통에 효과적이며 탈항, 자 궁하수에도 사용한다. 한방에서는 뿌리를 열감기, 한열, 어지럼증 등에 처 방한다.

채취시기

어린잎을 채취하여 사용한다.

먹는방법

어린잎은 식용으로 이용된다.

마른기침에 좋은

고추나무

전국의 산 숲 속에 자라는 낙엽 떨기나무로 세계적으로는 중국과 일본에 분포한다.

생태

잎은 마주나며, 작은 잎 3장으로 된 겹잎이다. 작은 잎은 타원형 또는 난상 타원형, 가장자리에 뾰족한 잔 톱니가 있다. 꽃은 5-6월에 원추꽃 차례에 달리며, 흰색이다.

효능

열매, 뿌리(성고유)이라하여 마른기침이나 산후 오로가 깨끗하게 나오지 않을 때 사용한다.

채취시기

새순이나 어린잎을 채취하여 사용한다.

먹는방법

새순을 데쳐서 나물로 먹는다.

약용법

약용으로 사용방법은 열매와 뿌리는 가을~겨울에 채취하여 사용한다. 열매, 뿌리(성고유) 말린 것 10g을 물 700cc에 넣고 달여서 하루 3회 마신다.

단백질, 비타민A, 탄수화물, 칼슘이 풍부한

고려엉겅퀴(곤드레)

높이가 1.2m에 이르는 큰 여러해살이풀이다.

생태

밑줄기는 곧게 자라는데 가지는 갈라지면서 사방으로 넓게 퍼진다. 잎은
피침 꼴 또는 계란 꼴에 가까운 타원 꼴이고 아래쪽의 잎은 기다란 잎자루
를 가지고 있으나 위쪽에 생겨나는 잎에는 잎자루가 없다. 잎 가장자리는
밋밋하거나 가시와 같은 털이 돋아나 있다.

효능

엉겅퀴의 일종으로 다른 엉겅퀴들이 식용뿐만 아니라 약용으로 사용되고
있는 반면, 고려엉겅퀴는 식용으로만 이용되고 있다.

채취시기

어린잎과 줄기를 채취하여 사용한다.

먹는방법

어린잎과 줄기를 식용한다.

옛날에는 구황식물로 사용하던 식물이다. 빈궁기에 곤드
레밥이라 하여 주곡의 증체를 목적으로 이용되기도 하
였으며, 해장국에 이용하기도 하였다. 요즘은 별미로
전국의 어디서나 맛으로 먹는 최고의 나물이다. 5~6
월까지도 잎이나 줄기가 연하여 사용할 수 있다.

고본

깊은 산 산기슭에서 자란다.

생태

높이 30~80cm이다. 풀 전체에 털이 없고 향기가 난다. 줄기는 곧게 서고 가지를 친다. 잎은 어긋나며 뿌리에 달린 잎은 긴 잎자루가 있고 줄기에 달린 잎에는 잎집이 있다. 3회 깃꼴겹잎으로 갈라지며 갈라진 조각은 줄 모양이다.

효능

한방에서는 가을에 뿌리를 캐서 말린 것을 고본이라 하여 두통, 관절통, 치통, 복통, 설사, 습진 등에 처방한다.

채취시기

가을에 채취하여 사용한다.

먹는방법

향기와 색소가 좋아 술이나 차로 이용한다.

약용법

약으로 사용할때는 뿌리10g에 물700cc를 넣고 달인 액을 반을 나누어 아침저녁으로 복용하고 환부에는 달인 액을 바르기도 한다.

감기로 인한 발열과 피부 발진에 효과가 있는

고비

평지 또는 산야에 나는 다년초이다.

생태

고비과의 여러해살이 양치식물로 잎이 갈라져 있고 키가 1.5m까지 자란다. 실모양의 뿌리는 무더기로 자라는데 이를 고비섬유라고 부른다. 산속의 깊은 계곡에서 자생하고 어린잎에는 흰솜털이 있다.

효능

한방에서는 뿌리줄기를 약재로 쓰는데, 감기로 인한 발열과 피부 발진에 효과가 있고, 기생충을 제거하며, 지혈 효과가 있다. 어린순은 나물로 먹거나 국의 재료로 쓴다. 약용으로는 민간요법에서 봄과 여름에 캐어서 말려 줄기와 잎은 인후통에 사용하고 뿌리는 이뇨제로 사용한다.

채취시기

봄에 어린순을 채취하여 사용한다.

먹는방법

이른 봄에 연한 잎줄기를 재취해 나물로 먹는다.

떫은맛이 강하기 때문에 물에 담가 충분히 우려낸 다음 먹는 것이 좋다. 말린 줄기와 잎은 인후 통에, 뿌리는 이뇨작용을 한다.

단백질, 칼슘, 칼륨 등 무기질도 풍부한

고사리

다년생 식물로써 겨울에는 잎이 떨어진다.

생태

고사리는 하나의 종을 지칭하는 말이 아니라, 약 10여 가지의 종이 속하는 속을 가르키는 말이다.

효능

동의보감에 고사리는 성질이 차고 활하며 맛이 달다. 열을 내리고 이뇨에 좋다. 삶아 먹으면 맛이 아주 좋지만 장기복용하면 양기가 줄고 다리가 약해져 걷지 못하게 되며, 눈이 어두워지고 배가 불러온다. 단백질, 칼슘, 칼륨 등 무기질도 풍부하지만, 비타민 파괴성분과 발암물질이 있다. 그래서 반드시 끓는 물에 데쳐 말린 다음 다시 물에 불려서 섭취해야 한다.

채취시기

고사리는 잎이 땅 위로 올라와서 잎이 완전히 전개되기 전에 채취하여 사용하여야 한다.

먹는 방법

고사리의 어린순은 어릴수로 부드럽고 고사리나물을 만들어 먹고 뿌리줄기의 전분은 빵을 만드는데 사용하기도 한다.

생선 중독, 국수중독 치료에도 쓰이는

고추냉이

산골짜기 물이 흐르는 곳에서 자란다.

생태

굵은 원기둥 모양의 땅속줄기에 잎 흔적이 많이 남아 있다. 땅속줄기에서 나온 잎은 심장 모양이며 길이와 나비가 각각 8~10cm로 가장자리에 불규칙하게 잔 톱니가 있다.

효능

한방에서는 봄에 땅속줄기의 잔뿌리를 떼어내고 말린 것을 산규근이라 해서 류머티즘, 신경통 등의 아픈 부위에 바른다. 생선중독, 국수중독 치료에도 쓰며 향신료나 방부제, 살균제로도 쓴다. 성분으로는 땅속줄기에 시니그린이 들어 있으며, 이것이 티오글루코시다아제의 작용으로 분해되어 매운맛을 낸다.

채취시기

봄에 포기째 채취를 하여 사용한다.

먹는방법

봄에 포기 째 김치를 담가 먹는다.

톡 쏘는 자극적인 향과 매운맛이 강하다. 뿌리는 껍질을 벗기고 생으로 이용하거나 말려서 가루로 사용하기도 한다.

88

소화를 촉진시키고 식욕을 회복시키는
고수

생태

높이 30~60cm이고 줄기의 속은 비어있으며 가지가 조금 갈라지고 곧게 자란다.

효능

고수는 소화를 촉진시키고 식욕을 회복하며 기운이 위쪽을 치밀어 오르는 것을 내려주는 효능이 있다. 그래서 식체나 소화불량, 전염병의 발열에 사용하고, 물고기나 육류의 독을 풀어준다.

채취시기

어린잎을 채취하여 사용한다.

먹는방법

고수는 향이 일품이고 비린내를 없애는 데도 효과가 있다.

잎은 얼얼한 향을 가지고 있고, 씨는 달콤하고 매운 감귤 맛과 향을 낸다.

약용법

고수는 씹거나, 차에 넣어 복용하면 입맛을 돋우고 소화를 촉진시키는 것으로 알려져 있다. 위장 및 복부의 가스와 위통을 감소시키는 역할도 하기도 하여 위통이나 배에 가스가 찰 때 사용하면 좋다.

여자들에게 좋은

곤달비(곰취)

여러해살이풀로 곧게 자라는 줄기는 높이가 60~90cm에 이른다.

생태

잎은 신장 꼴로 밑동은 깊게 패어 있으며 3~5개 정도의 두드러진 잎맥을 가지고 있다. 아래의 잎과 위의 잎이 모두 같은 외모를 가지고 있지만 아래쪽의 잎이 유별나게 커서 곰취와 흡사하게 보이므로 고장에 따라서는 이 풀을 곰취라고 부르기도 한다. 줄기에 나는 잎은 3장 안팎이다.

효능

한방에서는 뿌리를 부인병 치료에 쓴다.

채취시기

봄에 어린잎을 채취하여 사용한다.

꽃대가 자라나기 전까지 채취하여 사용할 수 있다.

먹는방법

어린잎을 나물로 먹는데 부드럽다.

채취하여 깨끗이 씻은 다음 다른 야채와 쌈을 싸 먹거나 데쳐서 나물을 무쳐 먹는다.

해열, 소종, 활혈 등의 효능을 가지고 있는

광대수염

수모야지마라고도 한다. 산지의 숲속 그늘진 곳에서 자란다.

생태

줄기는 곧게 서고 높이 60cm 정도이며 네모지고 털이 약간 있다. 잎은 마주나고 잎자루가 있으며 달걀 모양이다.

효능

해열, 소종, 활혈 등의 효능을 가지고 있다. 적용질환은 감기, 각혈, 토혈, 혈뇨, 월경불순, 타박상, 종기 등이다.

채취시기

어린순을 채취하여 사용한다.

먹는방법

나물이나 국거리로 한다.

맛이 삼삼하고 순하므로 국거리로는 생것을 그대로 넣는다. 나물의 경우에는 살짝 데쳐 찬물로 한 차례 헹군 다음 무친다. 또한 생것을 기름에 튀겨도 먹을 만하다.

약용법

약용으로는 4~6월 꽃이 필 때에 채취하여 그늘에서 말린다. 뿌리를 포함한 모든 부분을 약재로 쓴다. 점액질인 슐레임과 타닌 및 염기인 라민을 함유하고 있으며 휘발성의 기름을 함유하고 있다.

해열, 진통, 소종 등의 효능이 있는

골등골나물

생약명은 평간초. 백승마, 토승마라고도 부른다.

생태
온몸에 까실까실한 털이 있는 여러해살이풀로 짧은 뿌리줄기를 가지고 있다. 줄기는 곧게 서서 70cm 정도의 높이로 자라며 피침 모양으로 생겼다.

효능
해열, 진통, 소종 등의 효능을 가지고 있다. 적용질환은 감기, 기침, 홍역이 잘 퍼지지 않는 증세, 신경통, 월경불순, 산후의 여러 증세(출혈이 멈추지 않거나 아랫배가 아픈 증세 등), 치질 등이다.

채취시기
봄에 어린순을 채취하여 사용한다.

먹는방법
봄에 자라나는 어린순을 나물로 무쳐 먹거나 국거리로도 쓰인다.
맵고 쓴맛이 강하므로 데친 다음 잘 우려내어 조리해야 한다.

약용법
약용으로 사용할 때는 여름부터 가을 사이에 채취하여 햇볕에 잘 말려서 사용한다.
말린 약재를 1회에 4~8g씩 200㎖의 물로 달여서 복용한다.

진해, 거담, 진통 등에 효능이 있는

곰취

국화과의 여러해살이풀이다.

생태

식물 전체에 털이 없고 뿌리줄기에서 나오는 잎은 길이가 85cm까지 자란다. 줄기에는 3장 정도의 잎이 둥글게 달린다.

효능

『동의보감』에 진해, 거담, 진통 등에 효능이 있다고 적혀있다. 향기와 맛이 독특해 봄에 어린잎을 채취해 생이나 데쳐서 나물로 먹거나, 말려서 묵나물로 만들어 먹는다.

채취시기

어린잎을 채취하여 사용한다.

먹는방법

어린잎을 나물이나 쌈으로 먹는데 나물로 할 때에는 데쳐서 말려 갈무리해 두었다가 필요에 따라 조리한다.

쌈으로 먹을 때는 가볍게 데쳐서 찬물에 잠시 우렸다가 먹는다. 취나물 가운데서 제일 유명한 대표적인 산채나물이다.

약용법

뿌리줄기와 잔뿌리를 함께 약재로 쓴다. 가을에 채취하여 줄기를 따버리고 깨끗이 씻은 다음 햇볕에 말려 사용한다.

강장, 보양 등의 효능이 있는

구기자나무

열매를 약재로 쓴다. 뿌리껍질도 지골피라 하여 약으로 쓴다.

생태
구기자나무는 청양과 진도에서 대단위로 재배되며 표고 100~700m 사이의 마을 주변에 심어 재배도 한다.

효능
스코폴레틴, 베타-사이토스테롤, 베타-글루코시드 등이 함유되어 있다. 강장, 보양 등의 효능이 있으며 간에 이롭다.

채취시기
어린잎을 채취하여 사용한다. 열매와 뿌리껍질은 가을에 채취하여 사용한다.

먹는방법
연한 순을 나물 또는 나물밥으로 해먹는다.
쓰거나 떫은맛이 가볍게 데쳐 찬물에 헹궈 사용하면 된다.

약용법
약재를 같은 양의 설탕과 함께 10배의 소주에 담근 것을 구기주라고 하는데 하루 반 컵씩 마시면 허약한 사람도 튼튼해진다.

궁궁이(천궁)

산골짜기 냇가에서 자란다.

생태

 높이 80~150cm 정도이며 줄기는 곧게 서고 가지를 치며 뿌리는 다소 굵
다. 뿌리에서 난 잎과 밑부분의 잎은 길이 20~30cm의 깃꼴겹잎으로 잎
자루가 길고 삼각형 또는 세모진 넓은 달걀 모양이며, 3개씩 3~4회 갈라
진다.

효능

 진정 , 진통 , 강장 등에 효능이 있어 두통 , 빈혈증 , 부인병 등을 치료하
는데 쓴다.

채취시기

봄에 어린순을 채취하여 사용한다.

먹는방법

독특한 향기가 있고 씹히는 맛이 좋은 나물로 봄에 어린순을 뜯어 나물로
무치거나 국을 끓여도 좋다.

 살짝 데쳐 잠깐 우려내면 된다.

약용법

근경을 캐어 잎과 줄기를 제거하고 햇볕에 말린후 3~6g을 달여서 복용하
거나, 환제나 산제로 하여 사용한다.

두통, 편두통, 각종 신경통에 좋은

구릿대

백지. 백초, 두약, 향백지라고도 한다.

생태

두해 내지 세해살이풀로 굵은 뿌리줄기를 가지고 있다. 줄기는 곧게 서고 가지를 치면서 1.5m 정도의 높이로 자란다. 잎은 깃털 모양으로 두 번 갈라지며 갈라진 조각은 타원 또는 피침 모양으로 끝이 뾰족하고 가장자리는 고르지 않게 갈라지거나 톱니로 되어 있다.

효능

진통, 소종의 효능이 있고 냉을 없애준다. 적용질환은 두통, 편두통, 각종 신경통, 치통, 복통, 대장염, 대하증, 치루, 악성종기 등이다.

채취시기

봄에 연한순을 채취하여 사용한다. 약용으로는 늦가을에 잎이 마르면 채취한다.

먹는방법

봄에 자라나는 연한 순을 나물로 먹는다.

매운맛이 있어 찬물로 우려서 사용한다.

약용법

신경통이나 요통에는 하루에 구릿대 6~12g을 물로 달여 먹는다.

금낭화

산지의 돌무덤이나 계곡에 자라지만 관상용으로도 심는다.

생태

높이 40~50cm이다. 전체가 흰빛이 도는 녹색이고 줄기는 연약하며 곧게 서고 가지를 친다. 잎은 어긋나고 잎자루가 길며 3개씩 2회 깃꼴로 갈라진다.

효능

한방에서 전초를 채취하여 말린 것을 금낭이라고 하며, 피를 잘 고르고 소종의 효능이 있어 타박상, 종기 등의 치료에 쓴다. 진통, 진정의 효능이 있다. 단, 성질이 따뜻해서 몸에 열이 많은 사람은 많이 먹지 말아야 한다.

채취시기

봄에 어린잎을 채취하여 사용한다.

먹는방법

어린잎을 가볍게 데쳐서 찬 물에 우려낸 뒤 나물로 먹거나 된장국의 국거리로 사용한다.

약용법

꽃을 그늘에 말려 차로 이용하기도 한다. 말린 것을 한번에 2~4g을 달여서 마신다.

지혈, 이뇨, 진정, 소종 등의 효능이 있는

기린초

기린초는 중부 이남의 산에서 자라는 다년생 초본이다.

생태

 생육환경은 산의 바위틈이나 과습하지 않은 곳에서 자생한다. 키는 약 20~30cm 정도이다.

효능

 적용질환은 토혈, 코피 흐르는 증세, 혈변, 월경이 멈추지 않는 증세, 가슴이 몹시 두근거리는 증세(심계항진), 이유 없이 가슴이 울렁거리는 증세 등이다.

채취시기

 어린잎은 채취하여 사용한다.

먹는방법

 가볍게 데쳐서 나물로 해서 먹으면 담백한 맛이 나며 약간 쌉쌀한데 떫은 뒷맛이 남는다.

약용법

 약재를 1회에 2~4g씩 200cc의 물로 달여 복용하거나 생잎으로 즙을 내어 하루 3회 복용한다.

해열, 해독, 소종의 효능이 있는

긴담배풀

여러해살이풀로 온몸에 털이 산재해 있다.

생태
줄기는 곧게 서서 30~60cm의 높이로 자라며 약간의 가지를 친다. 얇은 잎은 서로 어긋나게 자리한다.

효능
해열, 해독, 소종의 효능이 있다. 적용질환으로는 감기, 인후종, 결핵성임 파선염, 대장염, 치질, 악성종기, 악성종양 등 각종 질병에 효과가 있다.
채취시기: 어린잎을 채취하여 사용한다. 약용으로 사용할 때는 꽃이 필 때에 채취한다. 때로는 생품을 쓰기도 한다.

먹는방법:
어린잎은 식용, 전초는 약용으로 쓰인다.

어린순을 나물로 해먹거나 국거리로 쓴다. 맵고 쓴맛이 있어 우린 후 조리하는 것이 좋다.

약용법
잎, 줄기, 뿌리 등 모든 부분을 약재로 쓴다.약재를 1 회에 2~4g씩 200㎖의 물로 천천히 달인다음 절반이 되면 사용한다. 생즙을 내어 복용하기도 한다. 외과 질 환에는 생품을 짓찧어서 환부에 붙이기도 한다.

담석증, 방광 결석, 황달에 좋은

긴병꽃풀(금전초)

꿀풀과의 여러해살이풀이다.

생태

긴병꽃풀은 우리나라 경기도, 황해도, 평안도 등지에 자생하는 꿀풀과의
여러해살이풀로 산야지의 숲 가장자리나 습기가 있는 양지 풀밭에서 잘 자
란다.

효능

소염 작용 ,진통 작용 ,지해 작용 ,거담 작용 ,해열 작용 ,장관의 긴장도를
낮추는 작용들이 밝혀졌다. 담석증, 방광 결석, 황달, 타박상, 기관지 천식,
만성 기관지염, 방광염, 부종, 비증, 이하선염, 옹종, 습진 등에 쓴다.

채취시기

4~5월 채취해 말린다.

먹는방법

햇빛에 말린 금전초를 가루 내어 향신료나 물을 넣고 우려낸 후 차로 마신
다.

약용법

약재는 하루 15~30g을 탕제 ,주제 형태로 만들어 먹는다. 또는, 신선한
것을 짓찧어 즙으로 먹기도 한다.

해열, 해독, 소종 등의 효능이 있는

꽃층층이꽃(층층이꽃)

산지나 들의 양지쪽에서 자란다.

생태

줄기는 높이 15~40cm이며 윗부분에서 가지가 갈라진다. 줄기 전체에 털이 있으며 원줄기는 네모지고 곧추선다. 잎은 마주나고 달걀 모양으로 길다.

효능

해열, 해독, 소종 등의 효능을 가지고 있다. 적용질환은 감기, 편도선염, 인후염, 장염, 담낭염, 간염, 황달, 종기, 습진 등이다.

채취시기

봄에 어린순을 채취하여 사용한다.

먹는방법

봄철에 연한 순을 나물로 해서 먹는다.

쓴맛이 강하므로 데쳐 찬물에 하루 정도 담가서 우려낸 다음에 사용한다.

약용법

약용으로는 여름부터 가을 사이에 채취하여 사용한다. 잎과 줄기를 약재로 쓰는데 산층층이꽃도 함께 쓰이고 있다.

감기로 인한 열, 기침, 기관지염, 편도선염에 좋은

까실쑥부쟁이

산백국, 소설화, 야백국, 팔월백이라고도 한다.

생태
여러해살이풀로 높이는 30~60cm이고 온몸에 잔털이 나 있어 까실까실
한 느낌이 든다.

효능
해열, 진해, 거담, 소염, 해독 등의 효능을 가지고 있다. 적용질환은 감기
로 인한 열, 기침, 기관지염, 편도선염, 유선염, 종기 등이다. 뱀이나 벌레
에 물린 경우에는 해독약으로 쓰인다.

채취시기
어린순을 채취하여 사용한다.

먹는방법
어린순을 나물로 먹거나 튀겨서 먹는다.

튀김은 채취하여 깨끗이 씻은 다음 데치지 않고 그대로 튀긴다. 쑥갓과 비
슷한 맛이 나며 데쳐서 나물밥으로 해서 먹기도 한다.

약용법
꽃을 포함한 모든 부분을 약재로 쓰는데 세스퀴테르펜
카본, 디펜텐,등이 함유되어 있다. 여름부터 가을 사이
에 채취하여 사용한다. 약재를 1회에 4~10g씩 200㎖
의 물로 달여서 사용하거나 즙을 내어 복용한다.

관절염, 신경통, 간염에 좋은

꼭두서니

가삼자리, 갈퀴잎이라고도 한다.

생태

산지 숲 가장자리에서 자라며 길이 약 2m이다. 뿌리는 굵은 수염뿌리로 노란빛이 도는 붉은색이다. 줄기는 네모나고 가지를 치며 밑을 향한 짧은 가시가 난다.

효능

통경, 지혈, 소종, 양혈의 효능을 가지고 있다. 적용질환은 관절염, 신경통, 간염, 황달, 월경불순, 자궁출혈, 토혈, 혈변, 만성기관지염 등이다.

채취시기

봄에 어린순을 채취하여 사용한다.

먹는방법

어린순은 나물을 해 먹는데 쓴맛이 강하여 데쳐서 하루 이틀 물에 잘 우려낸 후 사용한다.

약용법

뿌리에 푸르푸린이라는 배당체 색소와 문지스틴, 루베리산 등이 함유되어 있다. 약용으로는 봄이나 가을에 채취하여 사용하며 생품을 사용하기도 한다. 약재를 1회에 3~5g씩 200cc의 물로 달여서 사용한다. 약술을 만들어 하루에 20cc씩 아침저녁으로 복용하기도 한다.

꿩의다리아재비

꿩의다리아재비는 깊은 산의 나무 밑에서 자란다.

생태

굵은 뿌리줄기는 옆으로 벋으며 수염뿌리가 난다. 줄기는 곧게 서고 높이
가 40~80cm이며 밑 부분이 비늘잎으로 싸여 있다. 잎은 어긋나고 잎자
루가 2~3회 3개씩 갈라지며 잎자루 끝에 세 장의 작은잎이 나온 잎이 달
린다(2~3회 3출겹잎). 작은잎은 길이 4~8cm, 폭 2~4cm의 긴 타원형으
로 밑은 둥글며 가장자리는 밋밋하고 끝이 2~3개로 갈라지며 뾰족하다.

효능

뿌리줄기는 경련을 가라앉히고 여성 생리불순 치료에 약으로 쓰인다.

먹는방법

약용법

꿩의다리아재비를 뿌리줄기 5~6g을 물 400cc에 넣어 달인 물을 아침과
저녁에 나누어 복용한다. 술을 담아 1년 정도 지난 후 복용하면 좋다.

해열과 지혈 효능이 있는

꿩의비름

산지의 햇볕이 잘 드는 곳에서 자란다.

생태
줄기는 둥글고 분처럼 흰빛을 띠며 곧게 서고 높이가 30cm 정도이다. 잎은 마주나거나 어긋나고 타원 모양이나 긴 타원 모양의 달걀 모양이며 길이가 6~10cm, 폭이 3~4cm이고 육질이다.

효능
해열과 지혈 효능을 가지고 있으며 종기를 가시게 하는 작용도 한다고 한다. 적용질환은 열이 날 때나 피를 토할 때에 복용한다. 그밖에 상처를 입어 피가 날 때나 종기, 습진, 안질 등을 다스리기 위해서도 쓰인다.

채취시기
8~9월에 꽃이 피고 있을 때 채취하여 햇볕에 잘 말린다. 수분이 많아서 여러 날 말려 건조를 잘해야 한다.

먹는방법

약용법
잎과 줄기를 약재로 쓴다. 함유 성분으로는 칼슘말라트와 글루코스(Glucose) 등이 주로 알려져 있다.

구충, 해열, 지혈의 효능이 있는

꿩고비

산지의 습지에서 무리 지어 자란다.

생태
뿌리줄기는 굵고 지름이 5~8cm이며 끝에서 잎이 뭉쳐난다. 잎은 곧게
서고 끝 부분이 약간 뒤로 젖혀지며 영양엽과 포자엽 2가지가 있다.

효능
약효는 구충, 해열, 지혈의 효능이 있어 회충병, 풍열감모, 온열반진, 토
혈, 육혈, 장풍혈변, 혈리, 자궁출혈, 대하증을 다스린다.

채취시기
봄에 연한 줄기를 채취하여 사용한다.

먹는방법
연한 줄기를 채취하여 나물로 먹거나 국을 끓여 먹는다.

떫은맛이 강하여 하루이틀정도 우려낸 다음 조리해서 사용한다. 고사리처
럼 말려서 저장하여 먹기도 한다.

약용법
자기의 뿌리줄기 10g에 물 700cc를 넣고 달여서 반이 되면 아침저녁으로
복용한다.

열을 내려주고 기침 및 통증 완화 시키는
노루오줌

노루오줌은 우리나라 각처의 산에서 자라는 다년생 초본이다.

생태

　생육환경은 산지의 숲 아래나 습기와 물기가 많은 곳에서 자란다. 키는 60cm 내외이고, 잎은 넓은 타원형으로 끝이 길게 뾰족하며, 잎 가장자리가 깊게 패어 들고 톱니가 있으며 잎의 길이는 2~8cm이다. 꽃은 연한 분홍색으로 길이가 25~30cm 정도이다.

효능

몸속의 열을 내려주고 기침 및 통증 완화, 감기증상이나 두통, 전신의 통증, 허리와 등의 통증, 가래와 해수를 치료하며 열성경련에도 사용한다. 뿌리는 혈액순환을 돕고 어혈을 없애며 해독작용을 한다. 그래서 타박상 관절통이나 수술 후의 통증을 치료한다.

채취시기

봄에 연한 순을 채취하여 사용한다.

먹는방법

어린순을 채취하여 사용한다.

뿌리와 전초, 꽃은 약용으로 이용된다.

허약한 체질에도 사용하는

나비나물

산과 들에서 흔하게 자라는 여러해살이풀로 전체에 털이 없다.

생태

줄기는 네모지며 조금 딱딱하고 뭉쳐나며 곧게 서거나 약간 비스듬히 자라고 높이가 30~100cm이다.

효능: 나비나물은 소변배설을 촉진하고 혈압을 내리며 열이 나거나 호흡기 질환, 부종 등에 사용하고, 현기증과 피로회복, 어지럼증에도 사용한다. 또한 강장작용도 있어서 허약한 체질에도 사용한다.

채취시기

이른 봄에 어린 싹을 채취하여 사용한다.

먹는방법

이른 봄에 어린 싹을 데쳐서 나물로 먹기도 하며, 국거리, 찌개거리, 샐러드로도 좋고 묵나물로도 이용한다.

꽃은 튀김으로 만들어 먹기도 한다. 식물자체가 부드러워 여름까지도 먹을 수 있다.

약용법

약용으로는 개화기에 뿌리채 전체를 채취하여 사용한다. 말린 약재를 다려서 먹는데 혈압을 내리는데 좋으며, 숙취에도 좋고 이뇨작용도 있고 현기증, 피로회복에 약효가 있다.

윤폐지해, 청심안신의 효능이 있는

날개하늘나리(비늘줄기)

산에서 자란다.

생태

높이는 20~90cm이다. 비늘줄기는 공 모양이고 지름 3~5cm이다. 줄기
는 원기둥 모양이고 크며 곧게 선다.

효능

비늘줄기는 윤폐지해, 청심안신의 효능이 있다. 폐결핵의 구해, 해수담혈,
열병의 여열미청, 허번경계, 정신황홀, 각기부종을 치료하며 꽃은 윤폐, 청
화, 정신을 안정하게 하는 효능이 있다.

채취시기

연한 줄기를 채취하여 사용한다.

먹는방법

비늘줄기는 식용한다.

삶아서 먹거나 죽을 만들어 먹는다.

약용법

약용으로 사용할 때는 가을에 채취하여 지상부분을
버리고 깨끗이 씻어 인편을 끓는 물에 잠깐 담갔다가
건져내거나 살짝 쪄 말려서 사용한다.

인경에는 colchicine등 다종의 alkaloid 및 전분, 단백
질, 지방 등이 함유되어 있다.

해열, 진통, 해독, 이뇨의 효능이 있는

냉초

산지의 습기가 약간 있는 곳에서 자란다.

생태

높이는 50~90cm이고 뭉쳐난다. 잎은 3~8개씩 돌려나고 여러 층을 이루며 긴 타원형 또는 타원형이고 끝이 뾰족하다.

효능

해열, 진통, 해독, 이뇨의 효능이 있고 풍습을 없애주기도 한다. 적용질환으로는 감기, 근육통, 신경통, 풍습성의 통증, 변비 등이다. 또한 이뇨제, 통경제, 사하제, 각기약으로도 쓰이며 뱀이나 벌레에 물렸을 때에는 외용약으로 사용된다.

채취시기

이른 봄에 어린순을 채취하여 사용한다.

먹는방법

이른 봄에 어린순을 나물로 해서 먹는다.

약간의 쓴맛이 있어서 데친 다음 우려내어 사용한다.

약용법

약용으로는 꽃이 필 때에 채취하여 사용한다. 모든 부분을 약재로 쓴다. 털냉초, 시베리아냉초도 함께 쓰인다. 플라본계의 루테올린이 함유되어 있다.

암세포억제 피부노화에 좋은

눈개승마

눈산승마라고도 한다.

생태

높은 산에서 자란다. 높이 30~100cm이다. 뿌리줄기는 나무처럼 단단하고 굵다. 잎은 어긋나고 긴 잎자루가 있으며 2~3회 깃꼴겹잎이다. 작은잎은 막질(얇은 종이처럼 반투명한 것)이고 달걀 모양이며 끝은 뾰족하고 밑은 뭉뚝하다.

효능

신장손상억제 항산화활성, 암세포억제 피부노화 및 억제, 항당뇨활성 등이 알려져 있으며, 한방에서는 해독, 지혈, 어혈제거 목적으로 사용되고 있다.

채취시기

어린순을 채취하여 사용한다.

먹는방법

잎이 펼쳐지기 전의 어린순을 뜯어 사용한다.

소금을 넣고 데치며 찬물로 잠시 우려낸 다음 나물로 해서 먹는다. 지방에 따라서는 국에 넣어 먹기도 한다.

해열, 해독, 소종의 효능이 있는

눈빛승마

깊은 산 숲속에서 자란다.

생태

높이 약 2.4m이다. 줄기는 크고 곧게 서며 많은 가지를 낸다. 잎은 2회깃
꼴겹잎이다. 작은잎은 달걀 모양 또는 달걀 모양 타원형이고 끝은 뾰족하
며 가장자리에 깊이 패어 들어간 모양의 톱니가 있다.

효능

적용질환은 감기, 두통, 오한, 인후염, 입안의 부스럼, 홍역, 월경과다, 피
부염, 대하증, 자궁하수, 악성종기 등이다.

채취시기

어린순을 채취하여 사용한다.

먹는방법

어린순을 나물로 먹는다.

알칼로이드가 함유되어 있으므로 데친 뒤에 잘 우려내어 조리해야 한다.

약용법

뿌리줄기 약재로 쓰는데, 알칼로이드의 하나인 키미키푸긴(Cimicifugin)
이 함유되어 있다.

숙취해소 및 콜레스테롤 수치를 낮추는
단풍취

산에서 흔히 자란다.

생태

땅속줄기를 뻗고 줄기는 곧게 서며 가지를 내지 않고 높이가 35~80cm
이다. 전체에 긴 갈색 털이 나 있다. 줄기 중간에 긴 잎자루를 가진 잎이 돌
려난다.

효능

뿌리를 제외한 전초를 사용하며, 약용성분은 플리보노이드 성분의 아피제
논의 쌉쌀한 맛과 세르퀘테르펜락톤 등의 항산화물질로 숙취해소 및 콜레
스테롤 수치를 낮추고 항염증에 효과있다.

채취시기

봄에 어린순을 채취한다.

먹는방법

봄에 자라는 연한 잎을 따다가 데쳐서 나물로 먹는다.

뿌리를 제외한 전초를 사용하며, 생채 또는 데쳐서 쌈
으로 먹을 수 있다. 데친것을 말려서 묵나물로 사용하
기도 한다.

신경통에 좋은

다래

다래는 우리나라 각처의 산에서 자라는 낙엽 덩굴나무이다.

생태

생육환경은 산지의 숲이나 등산로 반그늘진 곳에서 자란다. 키는 2~5m 정도이고, 잎은 넓은 난형과 타원형으로 가장자리에 가늘고 날카로운 톱니가 있다. 꽃은 흰색으로 암수딴그루이며 3~10송이 가량이 아래로 향해 핀다.

효능

다래 열매는 단맛이 있으므로 생식되고 있으며, 뜨거운 물을 끼얹어 건조시킨 것을 달여 마시면 신경통에도 좋다고 한다. 특히, 열매에 충영(혹처럼 생긴 식물체)이 생긴 것은 목천료라 하여 귀중한 한약재로 여긴다.

채취시기

새순이나 어린잎을 채취하여 사용한다.

먹는방법

어린잎을 나물로 먹는다.

열매는 생으로 먹기도 한다.

거담, 해열, 파혈, 지혈작용이 있는

담배풀

들이나 산기슭에서 자란다.

생태

뿌리는 양끝이 뾰족한 원기둥 모양이며 목질이다. 줄기는 높이가 50~100cm이고 많은 가지가 옆으로 길게 뻗으며 잔털이 있다. 뿌리에서 나온 잎은 크지만 꽃이 필 때쯤 말라서 없어진다.

효능

거담, 해열, 파혈, 지혈작용이 있어서 급성간염에 복용하면 간 기능이 회복되고, 어린이의 급만성 경풍에 해열, 진경의 효능이 있다. 피부의 가려움증과 신경통에도 유효하고 요충, 조충을 제거하는 데도 사용하며, 코피가 그치지 않을 때 지혈 목적으로 사용한다. 이밖에도 만성 하지궤양과 신장염에도 활용된다.

채취시기

봄에 어린잎을 채취하여 사용한다.

먹는방법

어린잎을 식용하며, 열매와 잎, 줄기 윗부분을 말려 약재로 사용한다.

열매는 구충제로 쓰며 잎과 줄기는 해열제로 쓴다. 약용으로는 가을에 과실이 성숙할 때 채취하여 말려서 사용한다.

위, 허파, 비장, 신장을 튼튼하게 해주는

더덕

사삼이라고도 한다.

생태

해발 2,000m 이상의 높은 산에서부터 들판, 구릉, 강가, 산기슭, 고원지대 등 도처에 자생하고 있다. 뿌리는 도라지나 인삼과 비슷하며, 덩굴은 길이 2m로서 보통 털이 없고 자르면 유액이 나온다.

효능: 더덕의 약효는 위, 허파, 비장, 신장을 튼튼하게 해주는 효과가 있다. 예로부터 민간에서는 물을 마시고 체한 데 효과가 있으며, 음부가 가려울 때나 종기가 심할 때, 독충에 물렸을 때 가루를 내어 바르면 효과가 있다고 알려져 있다.

채취시기: 어린잎을 채취하여 사용한다.

먹는방법

어린잎을 삶아서 나물로 만들어 먹고 쌈으로 먹기도 한다.

껍질은 두들겨서 납작해진 것을 찬물에 담가 쓴맛을 우려낸 다음 고추장을 발라 구워 먹는다.

약용법

몸집 속에 함유되어 있는 흰 즙에 사포닌(Saponin)의 한 종류가 들어 있다. 약용으로는 가을에 채취하여 줄기와 잔뿌리를 제거하고 물로 깨끗이 씻은 다음 말려서 사용한다.

덩굴별꽃

산과 들에서 자란다.

생태

길이 1.7m 정도 벋으며 줄기가 가늘고 꼬불꼬불한 털이 있다. 가지가 많이 갈라지고 마디에서 뿌리가 내린다. 잎은 마주나고 달걀 모양 또는 달걀 모양 바소꼴로 길이 2~5cm, 나비 7~20mm이다. 잎 끝은 뾰족하고 밑은 갑자기 좁아져 길이 1~4mm의 잎자루가 된다.

효능

이대소장의 효능이 있다. 구토, 요폐, 풍한기통, 타박상을 치료한다.

채취시기

어린순을 채취한다.

먹는방법

어린순은 나물로 식용하고 전초는 화근초라하여 약용한다.

약용법

구토에는 화근초 15g에 소금을 넣어서 물이 절반정도 될때까지 달여 복용한다. 폐뇨에는 화근초, 백모근, 지비파를 짓찧어 종이에 싸서 음경에 도포한다.

강장, 이뇨, 거풍, 소염 등의 효능이 있는

도고로마

산에서 자란다.

생태
덩굴성 다년초로 굵은 근경이 옆으로 벋으며 불규칙하고 짧게 가지가 갈라지고 수염뿌리가 나며 줄기는 다른 물체에 감기고 털이 없다. 잎은 호생하고 둥근 심장형으로 길이 5~12cm이며 양면에 털이 없다.

효능
적용질환은 습기가 많은 곳에서 지내면 풍습이 생기는데 이로 인한 허리와 무릎의 통증, 류머티스 등이다.

채취시기
뿌리줄기를 채취하여 사용한다.

먹는방법
뿌리줄기를 쪄서 먹는데 맛이 상당히 쓰다.

약용법
뿌리줄기에 디오신, 디오스게닌, 요노게닌, 토코로게닌, 코가게닌 등의 배당체를 함유한다.

가래가 끓는 증세, 기침, 기관지염에 좋은

도라지

굵은 뿌리줄기를 가지고 있는 여러해살이풀이다.

생태

줄기는 곧게 서고 40~80cm 정도의 높이로 자라며 가지를 거의 치지 않는다. 잎은 마디마다 서로 어긋나게 자리하거나 2~3장의 잎이 한 자리에 나기도 한다.

효능

거담, 진해, 배농, 소종의 효능을 가지고 있다. 적용질환은 가래가 끓는 증세, 기침, 기관지염, 목구멍이 붓고 아픈 증세, 악성종기 등이다.

채취시기

뿌리를 채취해서 사용한다.

먹는방법

가늘게 쪼개 물에 담가서 우려낸 다음 생채로 하거나 가볍게 데쳐서 나물로 해서 먹는다.

약용법

뿌리줄기에 사포닌의 일종인 플라티코딘과 플라티코디게닌이 함유되어 있다. 이 성분이 거담작용과 진해작용을 한다.

피로회복, 숙취에 탁월한 효과가 있는

도토리

산에서 자란다.

생태

견과로서 겉은 단단하고 매끄러운 과피가 있으며, 속에 조각으로 된 1개의 종자가 들어 있다. 모양은 공 모양, 달걀 모양, 타원 모양 등이며 크기도 여러 가지이다.

효능

도토리 속에 함유되어있는 야콘산은 인체내부의 중금속과 여러 유해물질을 흡수, 배출시키는 작용을 한다. 또 피로회복, 숙취에 탁월한 효과가 있고 소화기능을 촉진시켜 입맛을 돋우어주며 장과 위를 또한 당뇨 및 암등 성인병 예방에 효과가 있다.

채취시기

가을에 도토리를 채취하여 사용한다.

먹는방법

도토리 껍질을 벗긴다. 물에 불려서 믹서기에 간 후 물에 담가두면 밑에 앙금이 생기고 떫은맛을 없애기 위하여 여러 번 우려낸다. 위에 물을 따라내고 깨끗한 물을 부어 떫은맛을 없애주며 그다음 밑에 앙금을 이용하여 묵을 쑤어 드시거나 도토리전을 만들어 먹는다.

중풍의 반신불수와 피부의 소양증에도 널리 쓰이는

독활(땅두릅)

땅두릅이라고도 한다.

생태

 유사한 발음 때문에 땃두릅이라 불리기도 하나 땃두릅나무와는 다른 종이다. 산에서 자란다. 높이는 1.5m이고 꽃을 제외한 전체에 털이 약간 있다.

효능

 약성은 온화하고 맛은 쓰고 맵다. 근육통이나 마비에 많이 쓰이는데, 특히 목 주위의 근육이나 허리, 척추, 무릎의 관절에 통증이 있거나, 하반신에 마비를 일으키는 증상에 적용된다.

채취시기

 이른 봄 어린 순을 채취하여 사용한다. 약용으로는 가을 또는 봄에 채취하여 사용한다.

먹는방법

 산뜻한 맛과 씹히는 느낌이 좋다.

 어린순을 나물로 해서 먹거나 국거리로 한다. 어린줄기는 껍질을 벗겨 된장이나 고추장을 찍어 먹기도 한다.

 어린순을 튀김으로 해서 먹는 방법도 있다.

해열, 해독, 소종의 효능이 있는

돌나물

산에서 자란다.

생태

줄기는 옆으로 뻗으며 각 마디에서 뿌리가 나온다. 꽃줄기는 곧게 서고 높이는 15cm 정도이다. 잎은 보통 3개씩 돌려나고 잎자루가 없으며 긴 타원형 또는 바소꼴이다. 잎 양끝이 뾰족하고 가장자리는 밋밋하다.

효능

해열, 해독, 소종의 효능이 있어 한방에서는 급만성간염, 황달, 인후종통, 기관지염, 옹종, 사충교상, 화상에 사용한다. 내상의 경우 달이거나 즙을 내어 복용하고, 외상의 경우 짓찧어서 환부에 붙인다.

채취시기

어린줄기와 잎을 채취하여 사용한다.

먹는방법

연한순은 나물로 하고 어린 줄기와 잎은 김치를 담가 먹는데 향미가 있다.

잎에 많은 물기를 있어 나물이나 국거리 등으로는 적합하지 않다. 담백한 맛이 있고 씹히는 느낌이 좋으므로 김치를 담가서 먹는다.

두메부추

산에서 자란다.

생태

높이는 20~30cm이다. 비늘줄기는 달걀 모양 타원형으로 지름 3cm 정도이고 외피가 얇은 막질이며 섬유가 없다.

효능

두메부추는 동맥경화나 심장질환에 매우 좋은 약이다. 협심증으로 가슴이 쥐어뜯는 것처럼 아플 때 잎과 뿌리를 생즙을 내어 한 잔 마시면 곧 통증이 가라앉는다. 사포닌 성분이 혈압을 낮추고 심장혈관을 확장시킨다. 오래 먹으면 혈액이 깨끗해지고 고혈압, 동맥경화, 심장병, 당뇨병을 예방한다.

채취시기

봄에 어린잎을 채취하여 사용한다.

먹는방법

어린잎을 생으로 초장에 찍어먹거나 김치 등에 넣기도 하며 삶아서 나물로 사용한다.

두메부추는 부추나 파, 마늘대신 양념재료로 쓸 수 있어서 국이나 라면 같은 것을 끓일 때 넣으면 맛이 한결 좋아진다. 명이나물처럼 초간장을 부어 절임식품을 만들면 아삭한 식감이 일품이다. 즙을 내어 마시기도 한다.

혈액순환과 피로회복에 좋은

두릅나무

산기슭의 양지쪽이나 골짜기에서 자란다.

생태

높이는 3~4m이다. 줄기는 그리 갈라지지 않으며 억센 가시가 많다.

효능

한방에서 두릅나무를 오가피라고 부른다. 향이 독특한 두릅 새순을 봄에 채취해 끓는 물에 약간 데친 다음 초고추장에 찍어 먹거나, 나물로 무쳐 먹는다. 또한 해수, 위암, 당뇨병, 소화제 등에 한약재로 사용된다. 특히 두릅에는 사포닌성분이 들어있어 혈액순환과 피로회복에 좋다.

채취시기

연한 순을 채취하여 사용한다.

먹는방법

4월 상, 중순경에 자라나는 새순을 데쳐서 나물로 먹는다.

약용법

스티그마스테롤, 알파-타랄린, 베타-사이토스테롤, 리롤레닉산, 페트로셀리디닉산 등이 함유되어 있다.
봄에 채취하여 수피는 가시를 제거하고 사용한다.

배농, 보중, 소종, 익기, 지해의 효능이 있는

둥근잔대

산기슭의 양지쪽이나 골짜기에서 자란다.

생태

뿌리는 굵고 깊이 들어가며 끝에서 많은 줄기가 뭉쳐나고 능선이 있다. 높이는 15cm 정도이다. 잎은 어긋나고 원형 달걀 모양 또는 원형이며 길이 1~1.5cm, 나비 8~10mm로 끝이 뾰족하다. 잎 가장자리에 3쌍 정도의 톱니가 있으며 다소 뒤로 말리고 위쪽 잎은 작다. 7~8월에 하늘색 꽃이 피는데 1개 또는 2~3개씩 총상으로 달린다.

효능

배농, 보중, 소종, 익기, 지해, 청폐, 화담, 장기육, 제허열, 거담지해, 보음사화, 양음청폐, 익위생진의 효능이 있다.

채취시기

연한 잎과 줄기를 채취하여 사용한다.

약재로 사용할 때는 봄, 가을에 채취하여 코르크층을 벗겨 버리고 말려서 사용한다.

먹는방법

뿌리, 잎, 어린줄기를 나물로 먹고, 뿌리를 약재로 쓴다.

둥굴레

맥도둥굴레, 애기둥굴레, 좀둥굴레, 제주둥굴레 등이 있으며 약재명은 옥죽이다.

생태

산과 들에서 자란다. 굵은 육질의 뿌리줄기는 옆으로 뻗고 줄기는 6개의 능각이 있으며 끝이 비스듬히 처진다. 높이는 30~60cm이다. 잎은 어긋나고 한쪽으로 치우쳐서 퍼진다.

효능

아드레나린 과혈당을 일으킨 동물에게서 혈당양을 뚜렷하게 줄인다. 당뇨병 환자에게 쓰면 치료 효과가 좋다. 심장을 수축시키고 율동을 느리게 한다. 둥글레는 convallamarin, convallarin 등 강심 배당체 함량이 매우 낮으므로 오래 쓸 때에도 축적작용과 부작용은 걱정하지 않아도 된다. 부작용으로는 혈관수축 및 혈액 응고작용이 있으나 소변량에 영향은 없다.

채취시기

봄철에 어린잎과 뿌리줄기를 채취하여 사용한다.

먹는방법

어린잎으로 나물을 만들어 먹는다.

천식, 장염, 간염, 관절통, 입덧, 통풍에 좋은

들메나무

낙엽 큰키나무이다.

생태

꽃은 5월에 피고 열매는 9월에 익는다. 깊은 산의 골짜기에서 자란다. 높이
는 30m, 지름 1m정도이고 작은 가지는 녹갈색이며 한쪽으로 편평해진다.

효능

천식, 장염, 간염, 관절통, 입덧, 통풍에 좋다

채취시기

어린잎을 채취하여 사용한다.

먹는방법

어린잎을 데쳐서 나물로 먹는다. 들메나무 잎을 들미순이라고 한다.

약용으로 사용하는 줄기껍질은 봄과 가을에, 뿌리껍질은 수시로 채취하여
사용한다.

민간요법

뿌리껍질은 수시로 채취하여 햇볕에 말려서 쓴다. 통
풍에 말린 것을 달인 물로 찜질을 한다.

거풍습, 활혈, 서근, 지통의 효능이 있는

등갈퀴나물

산과 들의 풀밭에서 주위의 나무 등을 타고 올라가며 자란다.

생태
길이는 80~150cm이다. 뿌리가 길게 벋으면서 번식하며 줄기에는 능선
과 더불어 잔털이 있다.

효능
거풍습, 활혈, 서근, 지통의 효능이 있다. 류머티즘통, 섬좌상, 무명종독,
음낭습진을 치료한다.

채취시기
어린 순과 연한 잎, 줄기를 채취하여 사용한다.

먹는방법
어린 순과 연한 잎, 줄기를 채취해 삶아서 말려두고 나물로 먹거나 국으로
먹는다.
약간의 쓴맛이 있는데 살짝 데쳐 찬물에 행구면 없어진다.

약용법
갈퀴나물, 등갈퀴나무, 큰갈퀴의 경엽을 산야완두라 하며 약용한다.
약용으로는 7~9월에 채취하여 말려서 사용한다.

관절염, 풍과 습기로 인한 통증에 좋은

딱총나무

전국의 산 숲 속에 자라는 낙엽 떨기나무로 일본에도 분포한다.

생태
줄기는 높이 4-6m다. 새 가지는 녹색, 오래된 줄기에는 코르크가 발달한다. 잎은 마주나며, 작은 잎 5-9장으로 된 깃꼴겹잎이다.

효능
적용질환은 관절염, 풍과 습기로 인한 통증, 통풍, 신장염, 각기, 산후에 오로가 잘 나오지 않는 증세, 골절상 등이다.

채취시기
어린잎은 봄여름에 채취하여 사용한다. 줄기는 수시로 채취하여 사용한다.

먹는방법
어린잎과 순을 나물이나 튀김으로 해먹는다.
나물로 할 때에는 데쳐서 가볍게 우려내 사용하고 튀김은 날것을 그대로 조리한다. 산채 가운데서는 맛이 좋은 편에 속한다.

약용법
약재를 1회에 4~6g씩 200㎖의 물로 달이거나 가루로 복용한다.

비장을 튼튼하게 하고 장의 기능을 좋게 하는

마

산우, 서여라고도 한다.

생태

중국 원산으로 약초로 재배하며 산지에서 자생한다. 식물체에 자줏빛이 돌고 뿌리는 육질이며 땅 속 깊이 들어간다. 품종에 따라 긴 것, 손바닥처럼 생긴 것, 덩어리 같은 것 등 여러 가지이다.

효능

마는 비장을 튼튼하게 하고 장의 기능을 좋게 하는데 사용되는데, 마는 뮤신(mucin)이 들어있어 끈기가 강하여 생으로 먹어도 소화흡수가 잘 되며 삶거나 전을 부치거나 죽을 끓여 먹어도 좋다. 주요 성분으로 아밀로스, 콜린, 사포닌 등이 들어있다. 특히 자양 강장의 효능이 있고 소화가 잘 되게 도와주며 설사가 있을 때 먹어도 좋다.

채취시기

가을에 채취하여 사용한다.

먹는방법

마의 당질은 맛의 주가 되며 무기질 함량으로 볼 때 알칼리성 식품에 해당된다. 또 아밀라아제 등 효소도 함유하고 있어 소화가 잘된다. 마를 이용하여 마생즙 마죽 등을 만들어 먹을 수 있다. 피로에 좋다.

마가목

장미과의 낙엽활엽교목으로 높이가 6~8m정도다.

생태

잎은 어긋나는 깃꼴 겹잎인데, 작은 잎은 긴 타원형이다. 잔가지 끝에 5~6월경 희고 작은 꽃이 우산꼴로 모여서 핀 다음 빨갛게 열매를 맺는다.

효능

익은 열매를 채취해 햇볕에 말려 물로 달여서 복용하면 이뇨, 진해, 거담, 강장 등에 효능이 있다. 이밖에 신체허약증, 기침, 기관지염, 폐결핵, 중풍, 위염 등에 쓰인다. 마가목은 부종을 없애주고 혈액순환을 도와준다. 기침이 심하고 기관지가 약할 때를 비롯해 요도염에도 효과가 있다.

채취시기

어린순을 채취하여 사용한다.

먹는 방법

어린순을 나물로 만들어 먹는다.

강장효과와 어혈을 풀어주는

물봉선(물봉숭아)

산골짜기의 물가나 습지에서 무리지어 자란다.

생태
줄기는 곧게 서고, 많은 가지가 갈라지며, 높이는 40~80cm이다. 잎은 어긋나고 넓은 바소꼴이며 끝이 뾰족하고 가장자리가 톱니모양이다.

효능
말린 뿌리를 물로 달여 복용하면 강장효과와 어혈을 풀어준다. 말린 잎과 줄기로 달인 물을 종기나 뱀에 물린 환부를 바르거나 붙이면 좋다.

채취시기
어린순을 채취하여 사용한다.

먹는방법
잎과 줄기가 연하기 때문에 봄에 어린순을 나물로 먹는다.

유독성분이 함유되어 있어서 가급적이면 먹지 않는 것이 좋다.

약용법
잎과 줄기를 약재로 쓰는데 때로는 뿌리를 쓰기도 한다.

간을 보해주는 작용을 하는

마타리

마타리과의 여러해살이풀이다.

생태

높이가 1~1.5m정도이고 잎이 마주나며 깃꼴로 갈라진다. 노란색 꽃이 7~8월경 산방꽃차례로 피고, 열매는 긴 타원형으로 익는다.

효능

간을 보해주는 작용과 진통, 해독, 배농, 소종 등의 효능을 가지고 있다. 따라서 간기능 장애, 간농양, 간염, 위장통증, 위궤양, 유행성이하선염, 자궁내막염, 산후복통, 대하증 등의 질병을 다스리는 약으로 쓰인다. 그밖에 종기, 옴 등 피부질환을 치료하는 데에도 사용된다.

채취시기

봄에 어린 싹을 체취하여 사용한다.

먹는방법

쓴맛이 있어 데쳐서 우려낸 뒤에 사용한다.

어린 싹을 나물로 해 먹거나 쌀과 섞어서 나물밥을 지어먹는다. 볶아서 먹기도 하고 나물에는 식초나 겨자를 곁들어 먹으면 좋다.

약용법

뿌리에는 올레아놀릭산이 함유되어 있다. 약재로 쓰는 것은 가을철에 채취하여 햇볕에 말려 사용한다.

허약체질, 면역력증강, 혈액순환에 좋은

만삼

깊은 산속에서 자란다. 자르면 즙이 나온다.

생태

뿌리는 도라지 모양이며 길이 약 30cm이다. 잎은 어긋나지만 짧은 가지에서는 마주나고 달걀 모양 또는 달걀 모양 타원형이며 양면에 잔털이 나고 뒷면은 흰색이다. 잎 길이 1~5cm, 나비 1~3.5cm이고 잎자루는 길이 2~3cm로 털이 난다.

효능

뿌리를 당삼 또는 삼이라고 하며 거담제로 사용하거나 식용한다. 자궁출혈 등 부인병, 호흡기질환, 허약체질, 면역력증강, 혈액순환, 강장보호, 피로회복, 기력회복, 항암치료, 당뇨병, 소화불량, 백혈령, 식욕증진, 진정작용, 어지럼증, 손발저림에 좋다.

채취시기

봄에는 연한 순을 채취한다.

먹는방법

봄에 연한 순을 나물로 먹거나 쌈으로 먹기도 한다.

약용법

저혈압에 만삼을 가루내어 6~8g씩을 식전에 먹는다. 빈혈은 만삼 10~15g을 1회분으로 달여서 하루 2~3회씩 4~5일 복용한다.

말나리

높은 지대에서 자란다.

생태

높이 약 80cm이다. 지름 2~2.5cm의 둥근 비늘줄기에서 원줄기가 1개씩 나와 곧게 선다. 잎은 어긋나는 것과 돌려나는 것이 함께 돋는다. 줄기 중간의 잎은 돌려나며 4~9개씩 달리지만 10~20개 달리는 것도 있으며 길이 약 15cm, 나비 2~3cm로서 타원형이거나 바소꼴이다.

효능

윤폐지해, 청심안신의 효능이 있다. 폐결핵의 구해, 해수담혈, 열병의 여열미청, 허번경계, 정신황홀, 각기부종 치료 한다. 꽃은 윤폐, 청화, 정신을 안정하게 하는 효능이 있고 종자는 장풍하혈을 치료 한다.

채취시기

어린순을 채취한다.

먹는방법

어린잎을 데쳐서 우려낸 다음 나물로 조리한다.

비늘줄기를 쪄서 먹는다.

기침, 천식, 소변불통에 효과가 있는

멸가치

응달의 다소 습기가 있는 곳에서 자란다.

생태
줄기는 곧게 서고 짧은 뿌리줄기에서 1대의 원줄기가 나와 50~100cm로 자라고 가지가 갈라진다. 윗부분에 대가 있는 선이 있고 줄기와 잎의 뒷면에 선모가 밀생한다. 잎은 어긋나고 삼각상 신장형이다.

효능
약효는 지해평천(기침을 멈추고 숨찬 증상), 이뇨산어(오줌을 잘 나가게 하여 몸이 붓는 것을 미리 막거나 부은 것을 내리게 하며 어혈을 헤치고 부은 것을 삭이는 것)의 효능이 있어 기침, 천식, 산후복통, 수종, 소변불통에 효과가 있는 기능성 산채 겸 약초이다.

채취시기
봄에 어린 싹을 캐어 사용한다.

먹는방법
약간 쌉싸래하면서 씹을수록 단맛이 나고 쫄깃하면서도 아삭거리는 특별한 맛이 난다.

어린 싹을 캐어 데쳐서 찬물에 우려낸 다음 나물로 무쳐 먹거나 국거리로 삼는다. 데쳐 말려서 두었다가 수시로 나물로 해 먹기도 한다.

해독, 거담, 해열, 강장 등에 효능이 있는

모시대

초롱꽃과의 여러해살이풀이다.

생태

줄기가 40~100cm정도 자란다. 잎은 어긋나고 잎 가장자리에 뾰족한 톱니들이 있다. 종모양의 엷은 보라색 꽃은 8~9월경 원추꽃차례로 핀다. 산야의 그늘에서 자라며 줄기 끝이 여러 개로 갈라져 있다.

효능

동의보감에 '뿌리를 말려 말린 약재를 달여서 복용하면 해독, 거담, 해열, 강장 등에 효능이 있고 기침, 기관지염, 인후염 등의 약으로 쓰인다.

채취시기

봄에 새순을 채취하여 사용한다.

먹는방법

새순은 나물로 먹고 뿌리는 약재로 사용한다.

활성산소를 막는 주는 역할을 하는

민박쥐나물

산자락에서 자란다.

생태

높이 1~2m이고 줄기는 곧게 서며 윗부분에 가지가 갈라지며 짧은 털이 있다. 뿌리잎과 줄기잎의 밑부분은 꽃이 필 때 없어지고 중간부분의 줄기 잎은 어긋나며 길이 25~35cm, 너비 30~40cm의 삼각모양이고 끝이 뾰족하며 가장자리에 잔거치가 있다. 잎자루가 있으며 날개가 있다.

효능

채취시기

어린잎을 채취하여 사용한다.

먹는방법

어린잎을 따다가 데쳐서 찬물을 바꾸어가며 잘 우려낸 다음 나물로 해서 먹는다.

산채로 말려서 두었다가 수시로 조리하여 먹기도 한다. 취나물과 함께 높이 평가되는 나물이다.

혈액순환을 활발하게 해주는
밀나물

덩굴성 여러해살이풀이다.

생태

꽃은 7-8월에 핀다. 백합과의 덩굴성 여러해살이풀로 가지가 많이 갈라져 자란다. 잎은 어긋나고 나란히 맥에서 조그만 맥들이 있다. 연두색 꽃은 5~7월경 산형꽃차례로 피고 암, 수꽃이 각각 달린다.

효능

동의보감에 뿌리를 약재로 쓰는데, 말린 뿌리를 달여 복용하면 근육을 펴주고 혈액순환을 활발하게 해주며, 피로회복과 기운을 돋워준다. 기운을 보강하고 혈액순환을 촉진시켜서 근육을 풀고 경락을 통하게 한다.

채취시기

봄에 어린순을 채취하여 사용한다.

먹는방법

어린순을 나물로 하고 그 뿌리와 줄기를 약재로 사용하고 있다.

양기를 돋우어 주는 효능이 있는

묏미나리(시호)

멧미나리라고도 한다.

생태
산골짜기 냇가에서 자란다. 뿌리줄기가 굵고 줄기는 곧게 서며 높이 1m 정도로 자라며 뿌리잎은 잎자루가 길다.

효능
해열, 진통, 소염, 항병원 등의 작용을 하며 간을 맑게 하고 양기를 돋우어 주는 효능이 있다.

채취시기
어린줄기와 연한 잎을 채취하여 사용한다.

먹는방법
4월부터 5월 사이에 어린줄기와 연한 잎을 살짝 데쳐서 나물로 먹는다.
미나리와 흡사한 향기와 맛을 지니고 있다. 씹히는 느낌도 미나리와 같으며 때로는 김치에 넣어 먹기도 한다.

약용법
잘게 썬 건조뿌리 3~10g에 물800㎖를 넣고 약한 불에 반으로 줄 때까지 달여 하루에 2~3회로 나누어 마신다.

간에 이로운 작용을 하는

물쑥

냇가 또는 습지에서 잘 자란다.

생태

뿌리줄기가 옆으로 뻗으면서 퍼져간다. 줄기는 곧게 서고 털이 없으며 높이가 70~140cm이다.

효능

간에 이로운 작용을 하는 한편 통경, 수렴, 소종 등의 효능을 가지고 있다. 따라서 간염, 간경화증, 간디스토마 등 각종 간 질환을 다스리는 약으로 쓰인다. 또한 그와 함께 폐경이나 산후의 어혈로 인한 각종 증세의 치료약으로도 사용된다.

채취시기

봄에 뿌리줄기를 채취하여 사용한다.

먹는방법

이른 봄에 어린 싹을 채취하여 나물로 먹거나 묵과 함께 무쳐 먹는다. 약간의 쓴맛이 있어서 데친 뒤 우렸다가 조리하는 것이 좋다.

약용법

약재로는 꽃이 피기 전에 채취하여 말려 사용한다. 잎과 줄기를 약재로 쓰는데, 외잎물쑥도 함께 쓰이고 있다. 여름철에는 생즙을 내어 복용해도 같은 효과를 얻을 수 있다.

경련성 기침에 좋은

미나리냉이

산지의 그늘진 곳에서 자란다.

생태

땅속줄기가 길게 옆으로 벋으면서 번식한다. 줄기는 높이가 40∼70cm이고 전체에 부드러운 털이 있다.

효능

백일해(경련성 기침을 일으키는 어린이의 급성전염병)에 달여 먹이면 된다. 중국에서는 땅속줄기를 캐서 백일해, 타박상에 약용한다.

채취시기

어린순을 채취하여 사용한다.

먹는방법

어린순을 데쳐서 찬물에서 우린 후 무쳐 나물로 먹거나 국에 넣어 먹는다. 논쟁이냉이와 큰는쟁이냉이도 같은 방법으로 식용한다.

약용법

뿌리 30g, 물 1200cc을 넣고 달인물을 반으로 나누어 아침, 저녁에 복용한다.

감기, 두통, 인후통에 효능이 있는

미역취

생태

국화과의 여러해살이풀로 키가 50㎝정도 자라고 잎이 어긋나게 달려있다. 밑에 달린 잎은 꽃이 개화할 때 떨어지고 위의 잎은 난형이다. 잎자루는 위로 올라갈수록 짧아지면서 없어진다. 노란색 꽃은 7~8월경에 두상꽃차례로 피고 열매는 수과로 익는데 갓 털이 달려있다.

효능

동의보감에 장복하면 감기, 두통, 인후통에 효능이 있다.

채취시기

봄의 어린잎과 여름 잎을 나물로 먹고 꽃과 잎을 말려 한약재로도 사용한다.

먹는방법

맛이 좋고 비타민 A가 풍부해 산나물의 대표로 불린다. 잎이 미역내피와 모양이 비슷해 미역취라고 부른다.

어린잎과 여름 잎을 나물로 만들어 먹는다.

소화, 변비에 좋은

말나물(말즘)

개울에서도 자라지만 정체된 연못이나 저수지에서 보다 잘 자란다.

생태

수심이 깊고 탁도가 낮은 호수에서는 한겨울에 길게 자란다. 초록빛을 띤 갈색이며 땅속줄기를 옆으로 뻗는다. 식물 전체가 물속에서 자라는 침수성 수생식물이다. 잎은 어긋나고 아주 작은 대나무 잎 같으며 어린잎은 평편하지만 다 자란 잎은 물결모양의 주름이 있다. 가장자리에는 작은 톱니가 있으며 잎 끝부분은 좌우 비대칭인 것이 특징이다. 가을에 짧은 가지가 떨어져 발아하여 겨울에 물속에서 자라며 4월부터 초여름까지 연한 노란색 꽃을 피운다.

효능

소화, 변비에 좋다.

채취시기

이른 봄에 어린잎과 줄기는 식용한다.

먹는방법

어린잎과 여름 잎을 나물로 만들어 먹는다.

통풍작용, 중풍을 예방하는

박쥐나물

산귀박쥐나물이라고도 한다.

생태

해발고도 1,000m 이상의 깊은 산에서 자란다. 높이 60~120cm이다. 윗
부분에서 가지가 갈라지며 엉킨 털이 있다. 잎은 어긋나고 길이 7~17cm
의 콩팥 모양이다. 끝은 짧게 뾰족하고 밑은 심장 모양이며 가장자리에 불
규칙한 톱니가 있다. 양면에 털이 없고 뒷면 맥 위에 짧은 털이 있다.

효능

어혈작용, 통풍작용, 중풍을 예방한다.

채취시기

어린잎을 채취하여 사용한다.

먹는방법

어린 순을 생으로 먹거나 데쳐서 무치거나 묵나물로 먹는다.

약용법

뿌리와 나무줄기 10g에 물 700cc를 넣고 달인 물을 반으로 나누어 아침
저녁으로 복용한다.

해열, 해독, 소종 등의 효능이 있는

바위취

호이초, 범의귀, 왜호이초, 등이초, 석하엽이라고도 한다.

생태

그늘지고 축축한 땅에서 잘 자란다. 전체에 붉은빛을 띤 갈색 털이 길고 빽빽이 난다. 높이는 60cm 정도이다. 짧은 뿌리줄기에서 잎이 뭉쳐나며, 잎이 없는 기는줄기 끝에서 새싹이 난다.

효능

해열, 해독, 소종 등의 효능이 있다. 적용질환은 감기, 고열, 습진, 종기, 중이염, 어린아이의 이질, 경련, 간질, 동상, 벌레에 물렸을 때 등이다.

채취시기

어린잎을 채취하여 사용한다.

먹는방법

바위떡풀과 같은 방법으로 조리해 먹을 수 있다.

약용법

잎을 약재로 쓴다. 타닌과 고미질인 베르게닌, 글루코스 등이 함유되어 있다. 약용으로 생잎을 쓰는데 때로는 여름에 채취해서 볕에 말려 두었다가 쓰기도 한다. 어린아이의 이질이나 경련, 간질 증세에는 생잎 7~8장을 약간의 소금과 함께 비벼 생즙을 내서 먹인다.

콩팥의 기능을 원활하게 하는

바위떡풀

바위떡풀은 우리나라 각처의 산지 습한 곳에서 자라는 다년생 초본이다.

생태
생육환경은 산에 있는 바위틈, 물기가 많은 곳과 습한 이끼가 많은 곳에서 자란다.

효능
여러 원인에 의한 신장병을 다스리는 데 쓰이고 있으며 콩팥의 기능을 원활하게 해준다.

채취시기
연한 잎을 채취하여 사용한다. 쓰기에 앞서서 잘게 썬다.

먹는방법
쓴맛이 없어 나물로 하는 경우 우려낼 필요는 없으며 가볍게 데치기만 하면 된다.

연한 잎과 줄기는 살짝 데쳐서 나물로 하거나 기름으로 볶아서 먹는다. 6~7월경에 잎을 따서 쌈으로도 먹는다. 또한 밀가루를 입혀 튀김으로 먹기도 한다.

약용법
약용으로 사용할 때는 꽃이 필 무렵에 채취하여 햇볕에 말린다. 뿌리 부분이 약효가 높다고 한다. 소변이 잘 나오지 않을 때에 복용하면 효과를 얻을 수 있다.

거풍, 진통의 효능이 있는

박쥐나무

과목근. 팔각풍근이라고도 한다.

생태

꽃은 6-7월에 피고 열매는 9월에 맺는다. 박쥐나무는 우리나라 각처의 산지 숲에서 나는 낙엽 관목이다.

생육환경은 반그늘의 물 빠짐이 좋고 토양이 비옥한 곳에서 자란다.

효능

뿌리를 약재로 쓴다. 단풍잎박쥐나무, 털박쥐나무의 뿌리도 함께 쓰인다. 거풍, 진통의 효능이 있고 관절통, 근육통, 요통, 근육이 굳어져 감각이 없어지는 증세 등에 쓰인다.

채취시기

어린잎을 채취하여 사용한다.

먹는방법

쓴맛이 없으므로 가볍게 데치기만 해서 조리하거나 양념장에 싸먹는다.

봄에 어린잎을 뜯어 나물로 해서 먹는다. 잎을 소금물에 삭혔다가 간장이나 고추장을 이용해 장아찌를 담가 먹어도 좋다.

약용법

약재로 약술을 만들어 마시면 좋다.

버들분취

다년초로 줄기는 곧추선다.

생태

높이 50~160cm이며 짧은 털과 선점이 있다. 근엽은 화시에도 남아 있고 장타원형으로 길이 11~30cm이며 밑은 쐐기 모양으로 좁아지고 우상으로 깊게 갈라지며 열편은 4~6쌍으로 드문드문 나고 도피침형이고 밋밋하거나 불규칙한 깊은 물결 모양의 결각이 있으며 양면에 잔털이 있고 뒷면에 선점이 있으며 엽병은 길이 5~22cm이다.

효능

혈열, 지혈, 토혈, 조경 진해 등에 효능이 있다

채취시기

봄에 어린잎을 채취하여 사용한다.

먹는방법

어린잎을 나물로 먹기도 하고 다른 나물과 같이 데쳐서 된장이나 간장에 무쳐먹기도 한다.

묵나물로 먹어도 좋다.

열을 내리게 하고 경련을 풀어주는

범꼬리

만주범의꼬리라고도 한다.

생태
산골짜기 양지에서 자란다. 높이 30~80cm이다. 뿌리줄기가 짧고 굵으며 잔뿌리가 많다. 뿌리에 달린 잎은 어긋나고 잎자루가 길며 넓은 달걀 모양이고 점차 좁아져서 끝이 뾰족하고 밑은 심장밑 모양이다.

효능
열을 내리게 하고 경련을 풀어주며 종기를 가시게 한다. 적용질환은 고열에 의한 어린아이의 경련, 어린아이들이 놀라 발작하는 간질 등의 치료약으로 쓴다.

채취시기
봄에 어린 잎과 줄기를 채취하여 사용한다.

먹는방법

약용법
뿌리에 타닌산과 옥시안테라치논글리코시드, 녹말, 당분, 고무질 등이 함유되어 있으며 매우 떫고 쓰다. 가을 또는 봄에 캐내 잔뿌리를 따낸 다음 햇볕에 말려 약용으로 사용한다.

초기 중풍에 효능이 있는

병풍취

잎이 펼쳐진 모습이 병풍처럼 보이는 쌈이라 붙여진 이름이다.

생태

높이 50~100cm. 뿌리는 가늘고 여러 갈래로 갈라진다. 줄기는 곧게 올라오며 붉은 가는 줄이 세로로 있다. 잎은 한줄기에 한 장씩 줄기를 감싸듯이 난다. 잎 가장자리는 들쑥날쑥한 톱니가 있다.

효능

비타민 A, B가 풍부하여 피부미용에 효과가 있고, 초기 중풍에 효능이 있다.

채취시기

봄에 어린잎을 채취하여 사용한다.

먹는방법

향이 독특하고 잘근잘근 씹히는 맛이나며, 비타민 A,B가 풍부하다.
봄에 어린 잎을 쌈으로 먹거나, 살짝 데쳐서 나물로도 먹는다.
커다란 잎은 푹 삶아서 말려 묵나물로 먹는다.

해열작용, 해독작용을 하는

봄맞이

야산과 들에서 흔히 자란다.

생태

 뿌리 잎은 사방으로 퍼져나가며 잎자루는 길이 1~2 cm이다. 잎은 거의 반원형이고 길이와 나비가 4~15mm로 가장자리에 삼각상의 톱니와 더불어 거친 털이 있다.

효능

 해열작용, 해독작용, 탕상, 인후 부종 및 동통, 구창, 적안, 두통 및 편두통, 치통, 풍습, 효천, 각종 여성질환, 타박상에 좋다.

채취시기

 봄에 어린잎을 채취하여 사용한다. 약용으로는 청명 전후에 전초를 채취하여 햇볕에 말린다.

먹는방법

 봄에 어린잎을 살짝 데쳐 나물로 먹는다.

 된장국을 끓여서 먹기도 한다. 꽃은 말려서 차로 마신다.

약용법

 각혈에는 말린 약재 12g을 불에 말려서 가루내어 술로 복용한다. 풍습성 관절통에 말린 약재 20g을 물로 달여서 복용한다.

 천식에는 말린 약재 37~75g을 물로 달여서 복용한다.

폐렴, 황달, 간염에 좋은

분취

분취는 서울, 경기, 충북의 산지에서 나는 다년생 초본이다.

생태

생육환경은 습기가 많은 반그늘 혹은 양지의 토양이 비옥한 곳에서 자란다. 키는 20~80cm이고, 잎은 길이가 6~11cm로 표면에 꼬불꼬불한 털과 거미줄 같은 털이 빽빽이 있고 뒷면에는 거미줄 같은 백색 털이 있으며 가장자리에 뾰족한 톱니가 있다.

효능

혈열 지혈, 토혈, 조경 진해 등에 효능이 있다. 폐렴, 황달, 간염, 기관지염, 안염, 임질, 고혈압 인후통을 주치한다.

채취시기

어린잎을 채취하여 사용한다.

먹는방법

어린잎은 식용하는데 나물로 해먹는다.

사포닌 성분이 들어있는

비비추

산지의 냇가나 습기가 많은 곳에서 잘 자란다.

생태
높이 30~40cm이다. 잎은 모두 뿌리에서 돋아서 비스듬히 자란다. 잎은 타원형이며 끝이 뾰족하고 8~9맥이 있다. 꽃은 연한 자줏빛으로 7~8월에 피고 꽃줄기는 길이 30~40cm이다.

효능
사포닌 성분이 들어있기 때문에 씨앗이나 식물전체를 한방 또는 민간요법에 활용되고 있다. 또한 잎의 즙을 짜서 젖앓이하거나 중이염에 사용하면 된다. 이밖에 잎에서 추출한 기름은 만성피부궤양에 좋고, 뿌리즙은 임파선과 결핵 등에 효능이 있다.

채취시기
연한 순을 식용한다. 새순의 맛이 담백하고 씹히는 느낌이 좋다.

먹는방법
봄에 올라오는 연한 잎을 채취하여 익혀서 쌈으로 먹는다.

약용법
생약명은 자옥잠으로 중이염에 입의 즙을 짜서 사용한다. 임파선, 결핵에 뿌리즙을 바르거나 9~15g을 달여서 복용한다.

변비에 좋은
사람주나무
숲속에 흔히 자란다.

생태

수피는 녹색 빛과 회색빛을 띤 흰색이며 오래된 줄기는 얇게 갈라진다. 높이는 6m이다. 잎은 어긋나고 자르면 하얀 즙액이 나오며 달걀을 거꾸로 세운 듯 한 모양의 타원형이고 가장자리가 밋밋하다. 표면은 짙은 녹색이고 뒷면은 연한 녹색 빛을 띤 흰색으로 길이 6~12cm이다.

효능

변비에 좋다.

채취시기

어린잎을 채취하여 사용한다.

먹는방법

잎을 데쳐서 나물로 먹거나 생것을 소금물에 삭혔다가 장에 박아 장아찌를 담가 먹는다.

민간요법

씨앗은 가을에 채취하여 말려 사용한다. 말린 씨앗은 변비에 기름을 짜서 조금씩 마신다.

이뇨, 강장, 곽란, 해독작용을 하는

산부추

산지나 들에서 자란다.

생태

높이 30~60cm이다. 비늘줄기는 달걀 모양 바소꼴로서 길이 2cm 안팎이고 밑부분과 더불어 마른 잎집으로 싸이며, 외피는 잿빛을 띤 흰색이고 두껍다. 잎은 2~6개가 비스듬히 서고 둔한 삼각형이며 길이 20~54cm, 나비 2~7mm이다.

효능

식용, 공업용, 약용으로 쓰이며 어린잎은 식용하고, 한방에서 인경을 구충, 이뇨, 강장, 곽란, 해독, 소화, 건위, 풍습, 충독 진통, 강심, 진정, 건뇌, 해독 등에 약재로 쓴다.

채취시기

전초는 봄에 채취하여 사용한다.

먹는방법

나물로 사용하며 생으로 다른 야채와 같이 쌈으로 먹기도 한다.

초무침, 나물, 볶음, 국거리, 튀김, 샐러드, 장아찌 조미료, 물김치 등으로도 이용된다.

건위제, 정장제로 쓰이는

산달래

돌달래, 큰달래라고도 한다. 산과 들에서 자란다.

생태

높이 40~60cm이다. 포기 전체에서 마늘 향이 난다.

효능

연한 포기 전체를 식용하고 비늘줄기를 건위제, 정장제로 쓰며, 화상 치료
에 사용한다. 진통, 보혈, 거담 등의 효능이 있다. 적용질환은 소화불량, 위
장카타르, 천식, 월경폐지, 협심증, 늑간신경통 등이다. 그밖에 벌레에 물
린 상처에 치료와 수면제로도 쓰인다.

채취시기

전체를 채취하여 사용한다.

먹는방법

달래와 같이 잎과 알뿌리에서 마늘과 비슷한 냄새를 풍긴다.

이른 봄에 뿌리와 잎을 함께 생채로 해서 먹는다. 지짐이
의 재료로도 쓰인다.

약용법

뿌리를 약재로 쓴다. 봄이나 가을에 채취하여 잎과 뿌
리를 버리고 말려서 사용한다. 알뿌리와 잎을 함께 달
인 것은 수면제 역할을 한다. 약재를 1회에 2~4g씩
200ml의 물로 약한 불로 달여서 사용한다.

위장을 튼튼히 하는 작용과 해독작용을 하는

산마늘(명이나물)

멩이, 맹이, 명이라고도 한다. 산지에서 자란다.

생태

비늘줄기는 바소꼴이고 길이 4~7cm이며 그물 같은 섬유로 싸여 있다.

효능

위장을 튼튼히 하는 작용과 해독 등의 효능을 가지고 있다. 적용질환은 소화불량과 복통 등이다. 종기나 벌레에 물렸을 때에 해독약으로 쓰는 경우가 있다.

채취시기

잎을 채취하여 사용한다.

먹는방법

잎은 6월까지 나물이나 또는 쌈으로 먹는다.

감칠맛이 나는 산채로서 별미 중의 하나로 손꼽힌다. 알 뿌리는 1년 내내 기름에 볶거나 튀김으로 해서 먹는다.

약용법

뿌리를 약재로 쓴다. 함유 성분은 마늘에 함유되어 있는 것과 같은 아일린(Alliin)이 함유되어 있는 것으로 알려지고 있다. 약용으로는 한여름에 채취하여 볕에 말리거나 날것을 쓴다. 섬유질의 껍질을 벗겨서 사용한다.

정력 감퇴, 양기부족에 좋은

삼지구엽초

산지의 나무 그늘에서 자란다.

생태
뿌리줄기는 옆으로 벋고 잔뿌리가 많이 달린다. 줄기는 뭉쳐나고 높이가 30cm이며 가늘고 털이 없으며 밑 부분은 비늘 모양의 잎으로 둘러싸인다.

효능
삼지구엽초는 맛이 약간 맵고 성질이 따뜻해 간과 신장을 보해주고 풍습을 제거해준다. 또한 신이 허약해 나타나는 발기부전과 정력 감퇴, 양기부족으로 인한 불임증, 조루증, 무력감, 기억력 감퇴 등에도 효과가 있다. 여성은 생리불순에 사용하면 된다.

채취시기
봄에 어린잎을 채취하여 사용한다. 약용으로는 여름에서 가을 사이에 채취하여 그늘에 말려 사용한다.

먹는방법
봄에 어린잎과 꽃을 따다가 나물로 해 먹는다.
어린잎에는 쓴맛이 별로 없으므로 가볍게 데쳐서 찬물에 헹구기만 하면 된다.

약용법
음양곽이라고도 한다. 잎과 줄기를 약재로 쓰며 플라보놀 배당체인 이칼린(Ikalin)이 함유되어 있다.

식욕부진, 소화불량, 위장염에 좋은

삽주

창출. 선출, 산계, 천정이라고도 한다.

생태

산지의 건조한 곳에서 자란다. 뿌리줄기는 굵고 길며 마디가 있고 향기가 있다. 줄기는 곧게 서고 윗부분에서 가지가 몇 개 갈라지며 높이가 30~100cm이다. 뿌리에서 나온 잎은 꽃이 필 때 말라 없어진다.

효능: 발한, 이뇨, 진통, 건위 등에 효능이 있어 식욕부진, 소화불량, 위장염, 감기 등에 사용한다. 발한, 해열, 이뇨, 진통, 건위 등의 효능이 있다. 적용질환은 식욕부진, 소화불량, 위장염, 신장기능장애로 인한 빈뇨증, 팔다리통증, 감기 등이다.

채취시기: ㅜ어린순을 채취하여 사용한다. 약재로 사용할 때는 봄 또는 가을에 채취하여 잔뿌리를 따낸 후 말려사용한다.

먹는방법

연한순과 잎을 채취하여 나물로 사용한다.

쓴맛이 나므로 데쳐서 여러 번 물을 갈아가면서 잘 우려낸 후 조리한다. 어린순과 연한 잎은 나물로 해 먹는다. 쌈으로 먹기도 하는데 쓴맛이 입맛을 돋우어 준다.

약용법

뿌리줄기에 아트락틸론이 후각을 자극하여 반사적으로 위액의 분비를 촉진시킨다.

혈액 순환을 도와주는
선밀나물

산과 들에서 자란다.

생태

 뿌리줄기는 옆으로 벋는다. 줄기는 곧게 서지만 윗부분이 약간 휘고 높이
가 1 m이며 노란 색을 띤 녹색이다. 잎은 어긋나고 넓은 타원 모양 또는 달
걀 모양의 타원형이다.

효능

 진통 효능이 있으며 혈액 순환을 도와준다. 적용질환은 허리와 다리의 근
골통증, 관절염 등이다.

채취시기

 이른 봄에 어린순을 채취하여 사용하고. 약용은 여름에 채취하여 말려서
사용한다.

먹는방법

 이른 봄에 어린순을 따다가 나물로 무쳐 먹는다.

 밀나물과 비슷하고 담백한 약간의 단맛이 난다. 나물 가운데서는 맛이 좋
은 편이다.

약용법

 뿌리줄기를 약재로 쓴다.

가래 삭이는 거담제로 사용되는

소경불알

우리나라 각처의 산에서 나는 다년생 덩굴이다.

생태

생육환경은 반그늘의 비옥한 토양에서 자란다. 키는 1~3m 정도이고, 잎은 길이 2~4.5cm, 폭 1.2~2.5cm로 표면은 녹색이며 뒷면에 백색 털이 많은 분백색이고 타원형으로 네 개의 잎이 있다. 꽃은 자주색이고 끝이 다섯 개로 갈라져서 약간 뒤로 말리고 길이는 2~2.5cm로 안쪽은 짙은 자주색이며 짧은 가지 끝에 달린다.

효능

성분으로 알려진 것으로 스피나스테롤(spinasterol)과 탁사세롤(taxaxerol)이 있고 한방에서는 가래 삭이는 거담제로 사용된다.

채취시기

가을에 뿌리를 채취하여 사용한다.

먹는방법

뿌리를 식용한다.

해열, 해독, 조혈, 소종 등의 효능을 가지고 있는

솔나물

큰솔나물, 송엽초, 황미화, 봉자채라고도 한다. 들에서 흔히 자란다.

생태

높이 70~100cm이며 줄기는 곧게 서고 윗부분에서 가지가 갈라진다.

효능

해열, 해독, 조혈, 소종 등의 효능을 가지고 있다. 적용질환은 감기, 인후염, 황달, 월경불순, 월경통 등이다. 또한 각종 피부염이나 종기의 치료약으로도 쓰인다.

채취시기

봄철에 어린순을 채취하여 사용한다. 약재로 사용할 때는 꽃이 필 때에 채취하여 말려서 사용한다.

먹는방법

약간 쓴맛이 나므로 데쳐서 우렸다가 조리를 해야 한다.

봄철에 어린순을 나물로 먹는다.

약용법

꽃을 포함한 모든 부분을 약재로 쓰는데 꼬리솔나물, 털솔나물, 왕솔나물, 흰솔나물 등도 함께 쓰이고 있다. 피부염과 종기에는 생풀을 짓찧어서 환부에 바르거나 말린 약재를 가루로 빻아 기름에 개어서 바른다.

사포닌이 들어있어 청열 해독, 소종에 좋은

수리취

국화과에 속하는 여러해살이풀로 산에서 자란다.

생태

키가 1m정도이다. 줄기에는 세로로 줄이 있으며 흰털이 밀생한다. 잎은 뿌리에서부터 줄기로 어긋나면서 올라가는데, 표면에 꼬불꼬불한 털이 있고 뒷면에는 부드러운 흰털이 촘촘히 나 있으며 잎의 가장자리에는 톱니가 있다.

효능

알칼리성 식품으로 칼슘, 단백질, 인, 철분, 비타민 B1, B2, 나아신 등이 함유되어 있기 때문에 감기, 도통, 진통 등에 좋다. 『본초도감』에 '가을에 열매가 익은 다음에 채취해 종자를 털어 햇볕에 말린다. 사포닌이 들어있어 청열 해독, 소종에 좋다' 라고 적고 있다.

채취시기

봄에 어린순을 채취하여 사용한다.

먹는방법

봄에 부드러운 잎을 사용하여 나물이나 떡으로 해먹는다.

방광염, 신장염 등에 약재로 쓰이는

시로미

높은 산 정상에서 자란다.

생태

높이 10~20cm이다. 줄기는 옆으로 벋지만 가지는 곧게 선다. 잎은 뭉쳐나고 줄 모양이며 길이 5~6mm, 너비 0.7~0.8mm이다. 두껍고 윤이 나며 뒤로 젖혀져서 사방으로 퍼지고 가장자리가 뒤로 말린다.

효능

한방에서는 포기 전체를 방광염, 신장염 등에 약재로 쓴다. 열매 추출액이 이뇨 작용을 나타낸다.

채취시기

열매를 채취하여 사용한다. 여름에 잎이 달린 가지를 꺾어 말린다.

먹는방법

열매는 식용할 수 있고 잼이나 술을 담그거나 주스 등 청량 음료수용으로 쓰인다.

약용법

병구체허, 요슬산연, 양기부족에 하루 9~15g을 물로 달여서 먹는다.

폐결핵과 혈압강하에 사용되는

싸리냉이

싸리황새냉이라고도 한다.

생태
산기슭의 그늘진 습지에서 자란다. 높이 약 50cm이다. 포기 전체에 부드러운 털이 나고 가지가 갈라진다. 뿌리에 달린 잎은 어긋나며 1회 깃꼴겹잎이고 길이 약 10cm이다.

효능
비타민 A와 C 그리고 식이섬유가 많이 함유되어 있는 우수한 식품일 뿐만 아니라 아세틸콜린, 콜린, 티라민 등 많은 특수성분이 있어 약리효과도 높다.

채취시기
봄에 이른 봄에 어린 싹을 뿌리째 캐어 사용한다.

먹는방법
어린순을 나물로 먹는다.

식용법
냉이 맛과 비슷하며 이른 봄에 어린 싹을 뿌리째 캐어 흐르는 물에 잘 씻어낸 다음 가볍게 데쳐 잠시 우렸다가 나물로 무쳐 먹거나 국을 끓여 먹기도 한다.

166

구토제, 진정제, 이뇨제로 쓰이는

앉은부채

산지의 응달에서 자란다.

생태

뿌리줄기는 짧고 끈 모양의 뿌리가 나와 사방으로 퍼지며, 줄기는 없다. 잎은 뿌리에서 뭉쳐 나오고 길이 30~40cm의 둥근 심장 모양이다.

효능

한방에서는 줄기와 잎을 구토제, 진정제, 이뇨제로 쓴다.

채취시기

어린잎을 채취하여 사용한다. 약재로는 가을에 뿌리나 뿌리줄기를 캐 물에 씻어 말려서 사용한다.

먹는방법

독성분이 함유되어 있는 풀이어서 먹을 유의하여야 하며 어린잎을 따다가 데쳐서 며칠 동안 흐르는 물에 담가서 유독성분을 제거한 다음 다시 장기간 건조 저장해 두었다가 나물로 해 먹는다.

약용법

뿌리는 탕약으로 사용하는데 약리 실험에서 혈압 강하 작용을 하는 결과가 있어 혈압 내리는데 좋다.

해독과 발육촉진, 부인병에 쓰이는

알록제비꽃

열매는 삭과이다. 산지에서 자란다. 한국의 각지에 분포한다.

생태

높이는 6cm 정도이다. 원줄기가 없고, 잎은 뿌리에서 모여난다. 잎의 길이와 폭은 각각 2.5~5cm로 넓은 심장 모양이다. 잎이 두껍고 양면에 털이 나 있다. 5월에 자주색 꽃이 잎 사이에서 나온 긴 꽃줄기 끝에 하나씩 핀다.

효능

해독, 태독, 하리, 발육촉진, 통경, 보익, 보간, 해소, 부인병에 쓴다.

채취시기

어린순을 채취하여 사용한다.

먹는방법

어린순은 식용하지만

주로 관상용으로 쓴다.

천식에 효과가 있는

애기나리

애기나리는 중부 이남의 산지에서 자라는 다년생 초본이다.

생태

생육환경은 반그늘나 양지쪽에서 잘 자라며 배수가 잘되는 토양을 좋아한다. 키는 20~40cm이고, 잎은 타원형으로 길이는 4~7cm, 폭은 1.5~3.5cm이다. 꽃은 4~5월에 연한 녹색으로 피며, 가지 끝에서 1~2개 밑을 향해 달린다. 열매는 길며 둥글고 흑색으로 익는다. 관상용으로 쓰이며, 어린싹은 식용으로 쓰인다.

효능

한방에서는 뿌리줄기를 보주초라는 약재로 쓰는데, 몸이 허약해서 일어나는 해수, 천식에 효과가 있고, 건위, 소화 작용을 한다.

채취시기

어린 싹을 채취하여 사용한다.

먹는방법

맛이 순하고 부드럽다.

전국 각지에 분포하는 큰애기나리도 역시 나물로 해서 먹는다.

봄철에 갓 자라나는 어린 싹이나 연한 잎을 나물로 해 먹는다.

진해, 거담, 소종 등의 효능이 있는

앵초

앵초는 전국 각처의 산지에서 자라는 다년초다.

생태

생육특성은 배수가 잘 되고 비옥한 토양의 반그늘에서 잘 자란다. 키는 10~25cm이고, 잎은 타원형이며 길이는 4~10cm이다.

효능

진해, 거담, 소종 등의 효능이 있다. 적용질환은 기침, 천식, 기관지염, 종기 등이다.

채취시기

이른 봄에 어린 싹을 캐어 사용한다.

먹는방법

이른 봄에 어린 싹을 캐어 나물로 해먹는다.

일반적으로 많이 사용되는 나물은 아니다.

약용법

말린 약재를 1회에 3~5g씩 200ml의 물로 반 정도의 양이 되게 약한 불로 달여서 복용한다.

강정제, 음위제, 강장제, 피로회복제 등에 쓰이는

오가피

오갈피는 두릅나무과에 녹하는 낙엽활엽관목이다.

생태

 뿌리 근철에서 가시가 많이 갈라져서 사방으로 퍼진다. 소지는 회갈색이고 털이 없으며 가시도 거의 없다. 잎은 계란상 타원형이며 끝이 점차 뾰족해진다. 과실은 장과로 구형이며 9월에 검게 익는다.

효능

 동의보감에 류머티즘이나 풍습을 치료하고 허리와 척추의 통증에 약효가 탁월해 뼈와 근육을 건강하게 만들어준다. 맛이 맵고 쓰면서 성질이 따뜻하고 독이 없기 때문에 기를 도와 중풍, 신경통, 요통, 동맥경화, 관절염, 당뇨병, 자양강장 등에 효과가 좋다.

채취시기

봄에 연한 순을 채취하여 사용한다.

먹는방법

5월에 자라나는 새순을 데쳐서 나물로 먹는다.

약용법

하루 6~9g을 탕제, 산제, 환제, 주제 형태로 만들어 먹는다.

항염 작용과 혈액응고를 지연시키는 효과가 있는

어수리

산과 들에서 자란다.

생태

줄기는 곧게 서고 높이가 70~150cm이며 속이 빈 원기둥 모양이고 세로로 줄이 있으며 거친 털이 있고 굵은 가지가 갈라진다.

효능 : 뿌리에서 추출한 기름은 항바이러스 효과가 있는 것으로 드러났으며 이는 본 분류군이 속한 어수리속에 공통적인 특징인 것으로 밝혀졌다. 또 항염 작용과 혈액응고를 지연시키는 효과가 있는 성분인 파낙시놀 및 팔카리노디올이 뿌리에 함유되어 있는 것으로 나타나 신약 개발과 관련된 연구가 진행 중인 분류군이다.

채취시기

봄에는 연한 순을 채취하여 사용하고 가을에는 뿌리를 채취하여 약으로 사용한다.

먹는방법

맛이 산뜻하고 씹히는 느낌이 좋아서 데친 뒤 잠깐 우려내어 나물로 먹는다.

봄에 연한 순을 뜯어 나물로 해먹는다.

약용법

중풍에 어수리뿌리 4~5g을 1회분으로 끓여 1일 2~3회씩 1주일이상 복용한다.

위장염, 구토, 설사 등에 좋은

얼레지

산자고, 차전엽이라고도 한다. 백합과의 여러해살이풀이다.

생태

키가 30cm 정도이고 비늘줄기가 있다. 4월경 보라색 꽃이 핀다. 초가을에 비늘줄기를 채취해 쪄서 먹으면 이질, 구토치료에 효과가 좋고 강장제로도 사용된다.

효능

동의보감에 말린 알뿌리를 물로 달이거나, 가루로 복용하면 건위, 지사, 진토 등에 효능이 있고 위장염, 구토, 설사 등의 처방약으로 쓰인다.

채취시기

연한 잎을 채취하여 사용하고 약재는 봄부터 초여름 사이에 채취하여 햇볕에 말리거나 생것을 쓴다.

먹는방법

잎을 나물로 하고 비늘줄기를 약용한다.

식용법

알뿌리를 강판으로 갈아 물에 가라앉혀 녹말을 얻어 요리용으로 사용한다. 채취한 녹말은 영양가는 높으나 많이 섭취하면 설사를 일으키므로 주의해야 한다. 알뿌리는 조림으로도 요리를 할 수 있다. 어린잎은 나물이나 국거리로 사용할 수 있으며 맛이 담백하다.

식욕부진이나 소화불량 등에 좋은

용담

산지의 풀밭에서 자란다.

생태

높이 20~60cm이고 4개의 가는 줄이 있으며 굵은 수염뿌리가 사방으로 퍼진다. 잎은 마주나고 자루가 없으며 바소 모양으로서 가장자리가 밋밋하고 3개의 큰 맥이 있다.

효능

한방에서 식욕부진이나 소화불량 등을 비롯해 건위제, 이뇨제로 사용된다. 동의보감에 가을에 뿌리를 채취해 햇볕에 말린 약재를 물로 달여 복용하면 소화불량, 담낭염, 황달, 두통, 뇌염, 건위와 해열, 소염, 담즙 등이 잘 나오게 한다.

채취시기

어린잎을 채취하여 사용한다. 약용으로는 가을에 채취하여 흙을 씻어 없앤 다음 햇볕에 말린다.

먹는방법

어린 싹과 잎은 식용한다.

약용법

뿌리를 약재로 쓴다. 뿌리에 고미배당체인 겐티오피크린과 삼당체인 겐티아노즈를 함유하고 있다.

오리방풀

깊은 산에서 자란다.

생태

여러 대가 모여나서 높이 50~100cm이고 네모진 줄기에는 능선을 따라 밑으로 향한 털이 돋는다. 잎은 마주달리고 달걀 모양의 원형이며 끝이 3개로 갈라진다.

효능

연명초는 소화불량으로 인한 구토, 복통 등에 약효가 있는 약재로 소화불량이나 식욕부진에 양호한 효과가 있으며, 과음으로 인하여 위장기관에 손상을 받은 경우에도 사용한다.

채취시기

봄철에 어린 싹을 사용한다. 약으로 사용할 때는 개화기에 채취하여 그늘에서 건조하여 사용한다.

먹는방법

봄철에 어린 싹을 캐어 나물로 무쳐 먹는다.

쓴맛이 있어 데친 다음에 흐르는 물에 오래도록 우려낸 다음 조리하는 것이 좋다.

약용법

연명초에는 항종양작용, 그램양성균에 대한 항균작용이 있다.

진통, 거풍, 소종, 해독 등의 효능이 있는

우산나물

삿갓나물이라고도 한다.

생태

 같은 이름의 다른 종인 삿갓나물과 구분할 필요가 있다. 산지의 나무 밑 그늘에서 자란다. 높이 50~100cm이다.

효능

 진통, 거풍, 소종, 해독 등의 효능이 있다. 적용질환으로는 관절염, 뼈마디가 쑤시는 증세, 근육이 굳어져 감각이 없어지는 증세, 악성종기 등이다. 그밖에 독사에 물렸을 때 해독약으로 쓰기도 한다.

채취시기

 봄에 어린순을 사용한다. 약용으로 사용할 때는 가을에 채취하여 말려서 사용하고 생으로 쓰는 경우도 있다.

먹는방법

 봄에 어린순이나 연한 잎은 향이 좋기 때문에 채취해 생채나 데쳐서 먹으면 좋다.

식용법

 어린잎을 나물로 먹는다. 약간 냄새가 나는데데쳐서 우려 내면 쓴맛과 함께 없어진다.

약용법

 뿌리를 포함한 모든 부분을 약재로 쓰는데 애기우산나물도 함께 쓰이고 있다.

황달, 이뇨치료, 강장제 등으로 사용되는

원추리

훤초근. 의남, 원초라고도 한다. 넘나물이라고도 한다. 산지에서 자란다.

생태

높이 약 1m이다. 뿌리는 사방으로 퍼지고 원뿔 모양으로 굵어지는 것이 있다. 봄철에 어린순을 나물로 먹는다.

효능

여성의 몸을 보해주며 이뇨, 소종 등의 효능을 가지고 있다. 적용질환으로는 소변이 잘 나오지 않는 증세, 수종, 황달, 대하증, 월경과다, 월경불순, 유선염, 젖 분비부족 등이다.

채취시기

어린순을 사용한다. 약재로 사용할 때는 가을에 채취하여 말려서 사용한다.

먹는방법

달고 감칠맛이 나며 산나물 가운데에서는 맛이 좋다.

어린순을 나물로 하거나 국에 넣어 먹는다. 고깃국에 넣으면 더욱 맛이 좋다. 생것을 그냥 기름에 볶아 먹어도 좋다.

약용법

사용부위: 뿌리를 약재로 쓴다. 뿌리에 아르기닌(Arginin), 아데닌(Adenin), 콜린(Cholin) 등 아미노산류와 단백질을 함유하고 있다.

약재를 1회에 2~4g씩 200ml의 물로 달여서 복용한다. 경우에 따라서는 생뿌리로 즙을 내어 복용하기도 한다.

기침을 멈추게 하고 폐를 보해주는

윤판나물

숲속에서 자란다.

생태

높이 30~60cm이다. 뿌리줄기는 짧고 뿌리가 옆으로 뻗으며 위에서 큰 가지가 갈라진다. 잎은 어긋나고 긴 타원형이며 길이 5~18cm, 나비 3~6cm이다.

효능

기침을 멈추게 하고 폐를 보해주며 체한 것을 내리게 하는 효능이 있다. 적용질환은 기침, 가래, 폐결핵, 식체, 장염 등이다.

채취시기

봄철에 어린순을 사용한다.

먹는방법

둥굴레와 마찬가지로 부드럽고 맛이 달다.

봄철에 어린순을 나물로 무쳐 먹거나 국거리로 한다. 가볍게 데쳐 한 차례 찬물에 헹구기만 하면 된다. 많이 먹으면 설사한다.

약용법

약으로 사용할 때는 약재를 1회에 5~10g씩 200ml의 물로 약하게 달여서 복용한다.

월경통, 월경불순 등에 처방약으로 쓰이는

왜(산)현호색

산록 습기 있는 그늘에서 자란다.

생태

높이 20cm 내외이다. 땅 속에 있는 덩이줄기는 둥글고 지름 1.5cm 정도이며 살은 노란색이 돈다.

효능

동의보감에 6월경 잎이 말라 죽을 때 덩이줄기를 채취해 햇볕에 말려 물로 달이거나, 가루로 복용하면 진통, 진정, 자궁수축 등에 효능이 있다.

채취시기

어린 순을 사용한다. 5~6월에 잎이 말라죽는데 이때 캐내 깨끗이 씻은 뒤 햇볕에 말려서 사용한다.

먹는방법

어린 순을 나물로 먹는다.

약용법

덩이줄기 속에 프로토핀(Protopin)과 코리달린(Corydalin), 게누이닌(Genuinin) 등의 염기가 함유되어 있다. 1회에 2~4g의 약재를 200ml의 물로 달이거나 또는 곱게 가루로 빻아 복용한다.

음나무(엄나무, 엄개, 호랑가시나무)

엄나무 또는 엄목이라고 한다.

생태

높이 25m에 달하며, 가지는 굵으며 크고 밑이 퍼진 가시가 있다. 잎은 어긋나고 둥글며 가장자리가 5~9개로 깊게 갈라진다. 갈래조각에 톱니가 있으며 잎자루는 잎보다 길다.

효능

음나무는 신장병 또는 당뇨병의 특효라고 알려져 있다. 동의보감에 말린 뿌리껍질 15g을 500cc의 물을 부어 절반으로 달인 다음 하루 3회 나누어 복용하면 혈당이 낮아지고, 위염과 위궤양, 이뇨 등에도 효능이 있다.

채취시기

어린잎은 봄에 체취하여 사용한다. 뿌리 수피는 가을에 채취한다.

먹는방법

음나무 껍질은 약용으로 사용하는데, 고기를 삶거나 백숙 등의 함께 사용하면 잡냄새를 제거해 주는 용도로 사용된다.

순은 채취하여 가볍게 삶아 반찬을 해 먹거나 묵나물을 만들어 먹는다.

지혈, 해독에 사용되는

오이풀

우리나라 각처의 산지에서 자라는 다년생 초본이다.

생태

생육환경은 반그늘 혹은 양지의 물 빠짐이 좋은 풀숲에서 자란다.

효능

한방에서 지혈, 해독에 사용되고, 각혈, 월경과다, 산후복통, 동상 등의 처방에 쓰인다.

채취시기

이른 봄에 어린잎을 채취하여 사용한다.

먹는방법

쓴맛이 강하므로 데쳐서 잘 우려낸 다음 조리를 하는 것이 좋다.

이른 봄에 어린잎을 나물로 먹기도 하고 뿌리를 잘게 썰어 쌀과 섞어 밥을 짓기도 한다. 잎과 꽃은 차로 달여 마시기도 한다.

약용법

약용으로 사용할 때는 약재를 1회에 2~4g씩 200ml의 물로 달이거나 가루로 빻아 복용한다.

산후의 지혈과 복통에 사용되는

익모초

육모초라고도 한다.

생태

들에서 자란다. 높이 약 1m이다. 가지가 갈라지고 줄기 단면은 둔한 사각형이며 흰 털이 나서 흰빛을 띤 녹색으로 보인다. 잎은 마주나는데, 뿌리에 달린 잎은 달걀 모양 원형이며 둔하게 패어 들어간 흔적이 있고, 줄기에 달린 잎은 3개로 갈라진다. 갈래조각은 깃꼴로서 다시 2~3개로 갈라지고 톱니가 있다.

효능

포기 전체를 말려서 산후의 지혈과 복통에 사용한다. 중국에서는 이 풀의 농축액을 익모초고라고 하는데, 혈압강하, 이뇨, 진정, 진통 작용이 있다고 한다. 한방과 민간에서는 해독, 정혈, 조혈, 자궁수축, 결핵, 부종, 유방암, 만성 맹장염, 대하증, 자궁 출혈, 출산과 산후지혈 등에 사용된다.

채취시기

7~8월에 익모초 전체를 채취해 햇볕에 말린 다음 통풍이 잘되는 곳에 보관한다.

먹는방법

더위 먹었을 때 즙을 내어 먹기도 한다. 맛이 대단히 쓰다.

으름덩굴

으름이라고도 한다.

생태

산과 들에서 자란다. 길이 약 5m이다. 가지는 털이 없고 갈색이다. 잎은 묵은 가지에서는 무리지어 나고 새가지에서는 어긋나며 손바닥 모양의 겹잎이다.

효능

이뇨, 진통의 효능이 있다. 적용질환은 소변이 잘 나오지 않는 증세, 수종, 신경통, 관절염, 월경이 잘 나오지 않는 증세, 젖 분비부족 등이다.

채취시기

어린순을 사용한다.

먹는방법

어린순은 좋은 국거리가 되며 나물로 해먹기도 한다.

약용법

이뇨작용을 하는 아케빈(Akebin)이란 성분이 함유되어 있다. 으름덩굴은 동물실험에서 줄기의 암세포 억제율 90%. 열매 50% 라는 결과가 나왔다.

염증 치료와 피를 멈추게 하는

일월비비추

방울비비추, 비녀비비추라고도 한다.

생태

석회암지대에서 자란다. 높이 35~65cm이다. 줄기는 곧게 선다. 잎은 뿌리에서 모여나고 넓은 달걀 모양이며 길이 10~16cm, 나비 5~7.7cm이다. 끝은 뾰족하고 밑부분은 심장 모양이거나 일자 모양이다. 잎자루 밑동에 자줏빛 점이 있고 가장자리는 물결 모양이다.

효능

일월비비추는 인삼 성분인 사포닌이 들어 있어 한방에서는 종자나 전초를 자옥잠이라는 생약명으로 염증 치료와 피를 멈추게 하고, 이뇨 작용에 좋은 효능이 있어 약재로 사용한다. 약재가 되는 종자는 9~10월에 여무는데 콩 꼬투리를 닮은 모양이다.

채취시기

이른 봄에 새순을 채취한다.

먹는방법

이른 봄에 새순을 나물로 무쳐먹거나 된장국으로 끓여낸다.

잎과 줄기는 생식할 수 있는 식용식물로써 생약으로도 이용된다.

진통과 타박상 치료약으로 쓰이는

자주괴불주머니

자근이라고도 한다. 자근초, 단장초 라고도 한다.

생태

산기슭의 그늘진 곳에서 자란다. 긴 뿌리 끝에서 여러 대가 나와서 높이 20~50cm까지 자라고 능선이 있으며 가지가 갈라진다. 뿌리에서 나온 잎은 잎자루가 길고 작은잎이 3장씩 2번 나오며 작은잎은 3장씩 나온 잎과 비슷하다. 줄기에서 나온 잎도 뿌리에서 나온 잎과 비슷하며 어긋난다.

효능

맛이 쓰고 떫으며 성질이 차고 독이 있기 때문에 민간에서는 진통과 타박상 치료약이나 살충 해독작용이 있어 천연농약으로 사용되어 왔다.

채취시기

5~6월에 채취하여 적당한 크기로 썰어 말려서 사용한다. 때로는 생으로 쓰기도 한다.

먹는방법

약용법

뿌리를 포함한 모든 부분을 약재로 쓴다.

진해, 거담, 해열, 강장, 배농제로 사용하는

잔대

사삼, 딱주, 제니라고도 한다.

생태

산과 들에서 자란다. 뿌리가 도라지 뿌리처럼 희고 굵으며 원줄기는 높이 40~120cm로서 전체적으로 잔 털이 있다.

효능

진해, 거담, 강장, 소종 등의 효능을 가지고 있으며 또한 폐를 맑게 해주는 작용도 한다. 적용질환은 폐결핵성의 기침, 일반적인 기침, 종기 등이다.

채취시기

이른 봄에 새순을 채취한다. 가을에 채취하여 말려서 사용한다.

먹는방법

어린순은 쓴맛을 우려낸 다음 나물로 만들어 먹으며 뿌리는 더덕처럼 살짝 두들겨 쓴맛을 우려낸 다음 고추장을 발라 구워 먹는다. 또한 생것을 고추장 속에 박아 장아찌로 해서 먹기도 한다.

약용법

뿌리를 약재로 쓴다. 사포닌과 이눌린이 함유되어 있다는 이외에는 별로 알려진 것이 없다.
약재를 1회에 4~8g씩 200ml의 물로 달이거나 가루로 빻아 복용한다.

해열, 거담, 진해, 진정 등의 효능이 있는

전호

바디나물은 일전호라고도 부른다.

생태
우리나라 곳곳의 산에 자생하지만 재배하지 않고 있다.

효능
해열, 거담, 진해, 진정 등의 효능이 있어 감기를 비롯하여 기침을 하거나 열이 나는 증세, 천식 등을 다스리는 데에 쓰인다. 그밖에도 구역질이 심할 때나 가슴과 겨드랑이 밑이 붓고 거북한 증세가 있는 경우에도 치료약으로 사용한다.

채취시기
봄에서 가을 사이에 채취하여 줄기와 잔뿌리를 제거하고 물로 씻은 다음 말려서 사용한다.

약용법
뿌리에는 안스리틴(Anthritine), 이소안스리틴(Isoanthritine), 알파-피넨(α-Pinene), 디-리모넨(d-Limonene) 등의 성분이 함유되어 있다.

복통에 효과가 있는

조밥나물

산지의 습기가 있는 곳에서 자란다.

생태

줄기는 곧게 서며 높이 30~100cm이다. 자르면 흰 즙액이 나오고 위에서 가지가 약간 갈라지며 줄기잎은 어긋나고 꽃이 필 때 밑부분의 잎이 마른다.

효능

피부의 염증이나 종기, 요로감염, 이질, 복통에 효과가 있다. 최근 유럽에서는 조밥나물 추출물을 모발의 보습과 영양보충을 위해 컨디셔너에 이용하고 있다.

채취시기

이른 봄에 어린잎을 채취하여 나물로 한다.

먹는방법

이른 봄에 어린잎을 채취하여 나물로 한다.

약용법

요로감염이나 복통, 이질에는 말린 것을 기준으로 한 번에 2~4g을 달여서 복용한다.

진해, 거담, 항균 등의 효능이 있는

좀개미취

키가 큰 여러해살이풀이다.

생태

 높이가 1.5m에서 2m에 이르는 것도 있다. 줄기는 곧게 서고 약간의 가지를 치며 온몸이 까칠까칠한 털에 덮여 있다. 봄에 뿌리로부터 자라나오는 잎은 크다.

효능

 진해, 거담, 항균 등의 효능이 있으며 천식, 각혈, 폐결핵성 기침, 만성기관지염 등의 증세를 다스리는데 쓰인다.

채취시기

 이른 봄에 어린잎을 채취하여 나물로 한다.

먹는방법

 취나물의 하나로서 흔히 채식되고 있으나 쓴맛이 강하므로 데쳐서 여러날 흐르는 물에 우려낸 다음 말려 오래 동안 갈무리해 두었다가 조리한다.

약용법

 뿌리에 아스테르사포닌, 시오논, 쿼르세틴, 프리델린, 프로사포게닌 (Prosapogenin) 등의 성분이 함유되어 있다.

해열, 소염 등의 효능이 있는

좀꿩의다리

산야에서 자란다.

생태

높이 40~120cm이고 윗부분에서 가지가 갈라진다. 잎은 2~4회 세 장의 작은잎이 나오는 겹잎이고 작은잎은 달걀 모양이며, 끝이 얕게 3개로 갈라지고 뒷면에 흰빛이 돈다.

효능

해열, 소염 등의 효능이 있으며 적용질환은 감기, 홍역, 복통, 설사, 이질, 종기 등이다.

채취시기

봄에 어린순을 채취하여 사용한다. 또는 가을에 채취하여 말려서 사용한다.

먹는방법

독성식물의 하나이므로 데쳐서 흐르는 물에 오래도록 우려낸 다음 조리해야 한다.

어린순을 나물 또는 국거리로 해서 먹는다.

약용법

타카토닌(Takatonine), 탈리크베린(Thalicberin), 탈리크틴(Thalictin), 베르베린(Berberine) 등이 함유되어 있다.

불면증과 부종에 사용하는

중나리

해안이나 산지의 풀밭에서 자란다.

생태

비늘줄기는 둥글고 지름이 3~4cm이며 뿌리가 내린다. 땅속줄기는 옆으로 뻗다가 땅 위로 나오고 새 비늘줄기를 만든다.

효능

폐결핵으로 인한 해수에 효과가 있고, 불면증과 부종에 사용한다. 해열, 진해, 해독, 강장 등의 효능이 있다.

채취시기

봄에 어린순을 채취하여 사용한다. 또는 가을에 채취한다.

먹는방법

봄 또는 가을에 비늘줄기를 캐어 구워 먹거나 양념을 해서 조려 먹는다.

비늘줄기를 넣어 끓인 죽은 환자를 위한 자양 강장식품으로 좋다.

약용법

비늘줄기에 많은 녹말과 단백질, 지방을 함유하고 있으며 캡산신 (Capsanthin)이라는 성분이 있다.

진정, 진경의 효능이 있는

쥐오줌풀

산지의 다소 습한 곳에서 자란다.

생태

땅속에서 가는 뿌리줄기가 옆으로 뻗으면서 번식하고, 뿌리는 수염뿌리이
며 쥐 오줌 냄새와 비슷한 독특한 향기가 난다.

효능

정신불안증, 신경쇠약, 심근염, 산후심장병, 심박쇠약, 생리불순, 위경련,
관절염, 타박상에 효과가 있다. 진정, 진경의 효능이 있다.

채취시기

이른 봄에 어린순을 채취한다. 가을에 채취하여 햇볕에 말려서 사용한다.

먹는방법

쓴맛이 있으므로 데친 뒤 찬물에 담가서 우려내는 것이 좋다.

이른봄에 어린순을 나물로 해 먹는다.

약용법

보르네올, 캄펜, 발레라논, 발레리아닌, 카티닌(Chatinine) 등이 함유되어
있다. 발레리아닌과 카티닌은 진정작용을 한다.

참나리

산과 들에서 자라고 관상용으로 재배하기도 한다.

생태

비늘줄기는 흰색이고 지름 5~8cm의 둥근 모양이며 밑에서 뿌리가 나온다. 줄기는 높이가 1~2m이고 검은빛이 도는 자주색 점이 빽빽이 있다.

효능

진해, 강장 효과가 있고, 백혈구감소증에 효과가 있으며, 진정 작용, 항알레르기 작용이 있다.비늘 줄기에는 녹말, 글루코만난, 비타민C 등이 함유되어 있다.

채취시기

봄이나 가을에 비늘줄기를 채취한다. 가을에 채취하여 시루에 쪄말려서 사용한다.

먹는방법

봄이나 가을에 비늘줄기를 캐어 구워 먹거나 조려 먹기도 한다. 또 지짐이의 재료로도 쓴다.

비늘줄기를 넣어 끓인 죽은 허약한 사람이나 환자를 위한 자양 강장식품으로 매우 좋다.

약용법

약재를 1회에 4~10g씩 200ml의 물로 달이거나 죽을 쑤어 복용한다.

철분이 많아 빈혈예방과 치료에 탁월한

참나물

숲 속에서 자란다.

생태

줄기는 높이 50~80cm이고 털이 없으며 향기가 있다. 잎은 어긋나고 잎자루는 밑부분이 넓어져서 줄기를 감싼다. 잎자루는 밑에서는 길지만 위로 가면서 점점 짧아진다. 잎은 3개의 작은잎으로 되어 있다.

효능

비타민A, 미네랄, 칼슘, 철분 등의 영양소가 풍부하게 들어있어 지혈, 양정, 대하, 고혈압 등을 개선한다. 또한 철분이 많아 빈혈예방과 치료에 탁월하고, 식용증진과 치매예방에 효과가 있으며 시력향상과 노화방지에도 좋다.

채취시기

봄에 어린잎을 채취한다.

먹는방법

향이 좋고 잎에 윤기가 있어 봄에 연한 잎을 따다가 가볍게 데쳐서 나물로 무쳐 먹는데 때로는 날것을 그대로 무쳐 생채로 먹거나 김치 등으로 담가서 먹기도 한다.

신체허약, 두통, 현기증에 좋은

참당귀

산골짜기 냇가 근처에서 자란다.

생태

높이 1~2m이고 전체에 자줏빛이 돈다. 뿌리는 크며 향기가 강하고 줄기는 곧게 선다. 뿌리잎과 밑부분의 잎은 1~3회 깃꼴겹잎이다.

효능

적용질환은 신체허약, 두통, 현기증, 관절통, 복통, 변비, 월경불순, 타박상 등이다.

채취시기

이른 봄에 어린순을 채취하여 사용한다.

먹는방법

약간 매운맛이 있기는 하지만 향긋하며 씹히는 맛이 좋다.

이른봄에 어린순을 나물로 해먹는다.

약용법

약재를 1회에 2~4g씩 200cc의 물로 천천히 달이거나 가루로 빻아서 하루에 3번 복용한다.

거풍, 청열, 양혈, 해독의 효능이 있는

참바위취

참바위취는 그늘진 바위 겉에 붙어서 자란다.

생태

높이 30cm 내외이다. 뿌리잎은 잎자루가 길고 타원형 또는 둥근 타원형
으로 털이 없으며 가장자리에 톱니가 있다. 꽃줄기는 길이 25cm 정도이고
7~8월에 흰색 꽃이 원뿔형으로 달린다. 포는 잎처럼 생겼으나 작은 것이
다르다. 작은 꽃줄기는 가늘고 선모가 있다.

효능

거풍, 청열, 양혈, 해독의 효능이 있으며, 풍진, 습진, 중이염, 단독, 해수
토혈, 폐옹, 붕루, 치질을 치료하는데 이용한다.

채취시기

잎을 채취한다.

먹는방법

싱싱한 잎을 쌈으로 먹는다.

감기, 기관지염, 천식에 좋은

참반디

깊은 산 숲 속에서 자란다.

생태

높이 15~100cm로 곧추 자란다. 뿌리잎은 잎자루가 길고 3개로 갈라진 다음 옆의 것은 다시 2개씩 갈라져서 손바닥 모양의 잎같이 보인다.

효능

뿌리줄기는 이뇨제 및 해열제로 쓴다. 이뇨, 거담, 해열의 효능을 가지고 있다. 적용질환은 감기, 기관지염, 천식, 소변이 잘 나오지 않는 증세 등이다.

채취시기

이른 봄에 어린순을 채취한다. 가을에 채취하여 햇볕에 말린다.

먹는방법

이른 봄에 어린순을 나물로 해서 먹는다.

참나물과 비슷한 모양이나 맛은 좀 떨어진다. 담백하며 쓴맛이 없으므로 가볍게 데쳐서 찬물에 담갔다가 조리를 하면 된다.

약용법

변두채이며 뿌리를 약재로 쓴다.

신경통과 류머티즘에 사용하는

참으아리
산록 이하에서 흔히 자란다.

생태

길이 5m 내외로 벋어가고 잎은 마주나며 3~7개의 작은잎으로 구성된 깃꼴겹잎이다. 작은잎은 잎자루가 있고 달걀 모양으로 3~5개의 맥이 있다.

효능

한방에서는 위령선이라고 하며, 진통 및 이뇨제로 신경통과 류머티즘에 사용한다. 진통, 거풍 등의 효능을 가지고 있다.

채취시기

이른 봄에 어린순을 채취한다.

먹는방법

유독성분이 함유되어 있으므로 데쳐서 우려낸 다음 말려서 오래 저장해 두었다가 나물로 조리할 필요가 있다.

식용으로 하는 데에는 세심한 주의를 기울여야 하고 많이 먹는 일이 없도록 해야 한다.

약용법

프로타네모닌(Protanemonin)이라는 자극성 성분이 함유되어 있다.

혈액의 순환을 도와주는

청가시덩굴

산이나 들에서 자란다.

생태

길이 5m 내외로 벌어가며 능선과 곧은 가시가 있고 가지는 딱딱하며 녹
색이다. 잎은 어긋나고 넓은 달걀 모양 또는 심장형의 달걀 모양으로 5~7
개의 맥이 평행으로 나며 얇고 윤기가 있다.

효능

적용질환은 관절염, 요통, 풍과 습기로 인한 관절의 통증, 종기 등이다.

채취시기

봄에 연한 순을 채취한다.

먹는방법

밀나물과 마찬가지로 연한 순을 나물로 해서 먹는다. 맛이 좋다.

약용법

말린 약재를 1회에 2~4g씩 200cc의 물로 뭉근하게 달이거나 가루로 빻
아 하루에 3번 복용한다.

각종 독소를 체외로 배출시키는

참죽나무

참죽나무는 중국 원산이다.

생태

높이 20m에 달하고 독특한 냄새가 난다. 줄기는 얕게 갈라지며 붉은색이고 가지는 굵고 적갈색이다. 잎은 어긋나고 깃꼴겹잎이다.고 암술은 1개이다.

효능

단백질과 아미노산 함량이 풍부하고 비타민B1, B2, C, 칼슘, 마그네슘 등이 들어있다. 참죽순은 맛이 쓰고 약간 독이 있기 때문에 신체의 면역력 높여준다. 또한 소염, 해독, 살충작용이 있어 장염, 이질, 종기 등을 치료하고 폐렴구균, 장티푸스균, 이질균, 포도상구균, 대장균, 곰팡이균 등을 억제한다.

채취시기

독특한 향과 맛이 있는 참가죽 새순을 4월 하순경에서 5월 중순경까지 채취한다.

먹는방법

어린잎을 생으로 또는 살짝 데쳐서 나물로 먹으며 전을 부치거나 찹쌀풀을 발라 말려 튀기거나 장에 박아 장아찌를 담가 먹기도 한다.

약용법

계속되는 설사, 혈변, 탁한 소변, 출산 후 계속되는 출혈에 말린 것 10g을 물 700㎖에 넣고 달여서 마신다.

두통과 현기증에 효능이 있는

참취

산이나 들의 초원에서 자란다. 동풍채근. 산백채, 백운초라고도 부른다.

생태

높이 1~1.5m로 윗부분에서 가지가 산방상으로 갈라진다. 뿌리잎은 자루가 길고 심장 모양으로 가장자리에 굵은 톱니가 있으며 꽃필 때쯤 되면 없어진다.

효능

맛이 달고 매우면서 향기가 진하다. 성질이 따뜻하고 독이 없기 때문에 혈액순환을 촉진시켜 통증을 멎게 해준다. 요통, 칼로 인한 상처, 독사에 물린 상처, 부스럼, 장염으로 나타나는 복통, 골절동통, 타박상, 황달, 간염, 소화불량 등에 좋다.

채취시기

어린잎을 채취하여 사용한다. 약용으로는 늦가을 또는 이른 봄에 채취하여 햇빛에 말려서 잘게 썬다.

먹는방법

흔히 말하는 취나물로 대표적인 산나물이다.
어린잎을 나물이나 쌈으로 해서 먹는다.
데쳐서 말려두었다가 수시로 나물로 무쳐 먹기도 한다. 정월 대보름날에 먹는 취나물이 바로 이것이다.

이뇨, 해독, 거풍 등의 효능이 있는

청미래덩굴

산지의 숲 가장자리에서 자란다.

생태
굵고 딱딱한 뿌리줄기가 꾸불꾸불 옆으로 길게 벋어간다. 줄기는 마디마
다 굽으면서 2m 내외로 자라고 갈고리 같은 가시가 있다.

효능
적용질환으로는 근육이 굳어져 감각이 없어지는 증세, 관절통증, 장염, 이
질, 수종, 임파선염, 대하증 등이다.

채취시기
봄에 연한 순을 채취한다. 가을 또는 이른 봄에 채취하여 햇볕에 잘 말린
다.

먹는방법
봄에 연한 순을 나물로 먹는다.

옛날에는 흉년에 뿌리줄기를 캐어서 녹말을 만들어 먹었다고 한다.

약용법
파릴린(Parillin), 스밀라신(Smilacin), 사포닌(Saponin)이 함유되어 있
다.

신경통, 타박상, 종기에 좋은

초피나무

산 중턱 및 산골짜기에서 자란다.

생태

높이 3~5m 정도이다. 턱잎이 변한 가시가 잎자루 밑에 1쌍씩 달리며 가시는 밑으로 약간 굽는다.

효능

한방에서는 열매의 껍질을 치한, 거비폐사, 골통 등의 증상에 치료제로 사용하고 회충의 구충제로도 이용한다.

채취시기

어린잎을 채취하여 사용한다. 약용으로 쓰는 열매, 종자는 가을에 채취한다.

먹는방법

어린잎으로 장아찌를 담그거나 향신료로 쓴다.

열매껍질 가루를 향신료로 사용한다.

약용법

신경통, 타박상, 종기에 말린 것을 가루 내어 밀가루에 반죽해서 바른다. 탈모에 생즙을 내어 바른다.

두통, 고혈압, 뒤통수가 당기는 증세에 좋은

칡

칡은 다년생 식물로서 겨울에도 얼어 죽지않고 대부분의 줄기가 살아남는다.

생태
줄기는 매년 굵어져서 굵은 줄기를 이루기 때문에 나무로 분류된다. 산기슭의 양지에서 자란다.

효능
발한, 해열 등의 효과가 있다. 고열, 두통, 고혈압, 뒤통수가 당기는 증세, 설사, 이명 등의 치료약으로 쓴다.

채취시기
연한 순을 채취한다.

먹는방법
뿌리로부터 녹말을 채취하여 식용으로 하며 연한 순을 나물로 하거나 쌀과 섞어 칡밥을 지어먹는다.

또한 뿌리로 즙을 내어 마시기도 한다. 잎을 말리거나 볶듯이 익혀 차 대용으로 해도 좋다.

약용법
뿌리와 꽃을 각기 약재로 쓴다. 다이드제인(Daidzein), 다이드진(Daidzin) 등의 성분이 함유되어 있다.

피로회복, 위장병에 좋은

털중나리

제주도와 울릉도를 포함한 산의 높이가 1,000m 이하인 전역에서 자라는 다년생 초본이다.

생태

생육특성은 양지 혹은 반그늘의 모래 성분이 많은 곳에서 자란다. 키는 50~80cm이다.

효능

강장, 자양, 건위, 소종 및 피로회복에 위장병에 종기, 그리고 각종 염증에 효능이 좋고 그 외로 여러 가지 효능을 가지고 있다.

채취시기

봄에 어린순과 줄기를 채취하여 사용한다.

먹는방법

봄에 어린순과 땅속의 비늘줄기를 삶아 나물로 먹는다.

약용법

뿌리는 시루에 쪄서 햇볕에 말리고 말린 뿌리 8~10g에 물700ml넣고 달여 하루에 3번 마신다.

신체허약증, 두통에 좋은

풀솜대

풀솜대는 전국 각처 산중에 자라는 다년생 초본이다.

생태

생육환경은 반그늘과 부엽질이 많은 토양에서 잘 자란다. 키는 20~50㎝
이고, 잎은 길이 6~15㎝, 폭 2~5㎝로서 줄기를 따라 두 줄로 나 있다.

효능

적용질환으로는 신체허약증, 두통, 풍습으로 인한 통증, 발기력부전, 월경
불순, 유선염, 타박상 등이다.

채취시기

어린순을 채취하여 사용한다. 가을에 채취하여 햇볕에 말린 다음 잘게 썰
어서 쓴다.

먹는방법

어린순을 데쳐서 쌈으로 먹고, 다른 산나물과 된장이나, 간장, 고추장에
무쳐먹는다.

비빔밥에 넣거나, 묵나물로 먹기도 한다.

약용법

약재를 말려서 1회에 3~6g씩 200cc의 물로 달이거나 가루로 빻아 복용
한다. 타박상에는 생뿌리줄기를 짓찧어 환부에 붙이거나 말린 것을 가루로
빻아 기름에 개어서 바른다.

강심, 진정의 효능이 있는

키다리난초

여러해살이풀로 지생란이다.

생태

꽃은 6-7월에 피고 열매는 7-8월에 익는다.

깊은 산 숲 속에서 자라는 여러해살이풀이다. 줄기 높이는 18-37cm이고, 덩이줄기는 난상 구형이다. 길이 6-10cm, 폭 2-4cm인 좁은 타원형의 잎 2장이 줄기 밑부분을 감싼다. 꽃은 6-7월에 피며, 연한 자주색이다.

효능

뿌리가 달린 전초를 양이산이라 하며 약용한다. 활혈, 조경, 지통, 강심, 진정의 효능이 있다. 붕루, 백대, 산후복통의 치료에 쓰이며 외상급구에도 쓰인다.

채취시기

여름, 가을에 채취하여 깨끗하게 씻어서 햇볕에 말린다.

먹는방법

전초는 약용해 마신다.

9g을 달여 마신다. 혹은 황주로 조복한다.

몸의 열을 내리게 하는

합다리나무

바닷가 산기슭 양지바른 곳에 자라는 큰키나무이다.

생태

줄기는 높이 8-15m이다. 어린 가지에 갈색 털이 난다. 잎은 어긋나며, 작은잎 9-15장으로 된 깃꼴겹잎이다. 작은잎은 난형 또는 타원형, 길이 5-10cm, 폭 2-3cm이다. 잎 질은 조금 가죽질이고, 가장자리에 톱니가 있다. 꽃은 6-7월에 피며, 가지 끝에서 난 길이 원추꽃차례에 달리고, 흰색이다.

효능

콰시인(quassin)이라는 성분을 많이 함유되어 있어 매우 쓴맛을 가지고 있는데 이 콰시인(quassin)이 몸의 열을 내리게 하고 습을 제거해 주는 효과가 있다.

채취시기

새순을 채취하여 사용한다.

먹는방법

새순을 데쳐서 나물로 먹거나 된장국을 끓여 먹는다.

건위, 정장, 해열, 해독, 진통 등의 효능이 있는

황벽나무

황경피나무라고도 한다. 산지에서 자란다.

생태
높이 20m에 달하고 나무껍질에 연한 회색으로 코르크가 발달하여 깊은 홈이 진다. 잎은 마주달리고 홀수깃꼴겹잎이다. 작은잎은 5~13개로서 달걀 모양 또는 바소꼴의 달걀 모양이고 뒷면은 흰빛이 돌며 잎맥 밑동에 털이 약간 있다.

효능
건위, 정장, 수렴, 지사, 해열, 해독, 진통 등의 효능을 가지고 있다. 적용질환은 소화불량, 설사, 복통, 황달, 간염, 간경화증, 소변이 잘 나오지 않는 증세, 자궁출혈 등이다.

채취시기
어린잎을 채취하여 사용한다. 여름철에 속껍질을 채취한다.

먹는방법
어린잎을 데쳐서 나물로 먹는다.

약용법
말린 속껍질 약재를 1회에 2~4g씩 200cc의 물로 반 정도의 양이 되게 서서히 달이거나 가루로 빻아 하루에 3번 복용한다.

혈압과 혈당을 낮추는 작용을 하는

통둥굴레

땅속을 옆으로 뻗어나가는 굵은 뿌리줄기를 가진 여러해살이풀이다.

생태
줄기는 비스듬히 서서 높이 30~50cm 정도로 자라며 가지는 전혀 치지 않는다. 잎은 타원 꼴 또는 길쭉한 타원 꼴이다.

효능
뿌리줄기의 주성분은 비타민 A, 전분, 점액질 등이며, 칸베라, 켐페롤 등의 배당체가 들어 있다. 한방에서는 둥글레의 뿌리줄기 말린 것을 '위유'라고 하며 위유는 강장강정, 치한, 해열에 효과가 있을 뿐만 아니라 혈압과 혈당을 낮추는 작용을 하여 장기간 복용하면 안색과 혈색이 좋아진다고 한다. 또한, 번갈, 당뇨병, 심장쇠약 등의 치료에 사용한다.

채취시기
어린순을 채취하여 사용한다.

먹는방법
아직 잎이 펼쳐지지 않은 어린순을 나물로 하는데 부드럽고 단맛이 있어 살짝 데치기만 하면 된다.
살찐 땅속줄기는 무릇처럼 고아서 먹거나 잘게 썰어 쌀과 섞어 밥을 지어 먹기도 한다.

민간요법으로 가지와 잎으로 암치료에 사용되는

화살나무

산야에서 흔히 자란다.

생태

높이 3m에 달하고 잔가지에 2~4개의 날개가 있다. 잎은 마주달리고 짧은 잎자루가 있으며, 타원형 또는 달걀을 거꾸로 세운 모양으로 가장자리에 잔 톱니가 있다.

효능

월경불순, 산후어혈복통, 동맥경화, 혈전 등에 사용한다. 최근에는 민간요법으로 가지와 잎을 따서 암 치료에 사용한다.

채취시기

새순이나 어린잎을 채취하여 사용한다.

먹는방법

어린잎을 나물로 하거나 잘게 썰어 쌀과 섞어서 밥을 지어먹는다.
먹을 만하나 약간 쓴맛이 나므로 데쳐서 잠시 흐르는 물에 우렸다가 조리한다.

약용법

말린 약재를 1회에 2~4g씩 200cc의 물로 뭉근하게 달이거나 가루로 빻아 하루에 3번 복용한다.

갑상선종 등에 약재로 쓰는

파드득나물

반디나물이라고도 한다.

생태

산지에서 자란다. 높이 30~60cm이다. 줄기는 곧추서고 약간 갈라지며
전체에 털이 없고 향기가 있다. 줄기와 잎은 녹색이고 뿌리는 굵다. 잎은
어긋나고 잎자루가 5~17cm로 길며 3개의 작은잎으로 되는데 뒷면에 윤
기가 있다.

효능

어린잎은 식용하고 야채로 재배하기도 한다. 여름에 채취한 것은 그늘에
말려서 갑상선종 등에 약재로 쓴다.

채취시기

어린잎을 채취하여 사용한다. 기온이 높아지는 4월 이후에는 수시로 파종
해 이용할 수 있다.

먹는방법

파드득나물의 향미는 열을 가하면 쉽게 파괴되므로, 대부
분 날것으로 먹거나 조리의 마지막 단계에 넣는다.

파드득나물의 잎과 새싹은 스시 롤, 샐러드, 국수 요
리 등에 산뜻하고 엽록소가 풍성한 맛을 더해준다.

혈중 알코올 농도를 낮춰 주는 효과가 입증된

헛개나무

뿌리를 (지구근)으로 줄기 껍질을 (지구목) 으로 헛개 나무의 잎은 (지구엽) 이라고 한다.

생태

높이 10m이고 수피는 검은빛을 띤 회색으로 세로로 갈라지고 벗겨진다. 잎은 어긋나고 넓은 달걀모양 또는 타원모양으로 가장자리에 잔거치가 있다.

효능

헛개나무 열매에는 포도당, 사과산, 칼슘을 비롯 후라구라닌, 호베닌, 호베느시드 , 하벤산 등의 유효성분이 다량 함유되어 있다. 혈중 알코올 농도를 낮춰 주는 효과가 이미 입증되었으며 숙취해소 및 간손상을 최소화하여 간기능 향상에도 좋고 간의 대사작용을 향상시켜 준다.

채취시기

어린잎을 채취하여 사용한다. 뿌리는 수시로 채취하고 줄기껍질과 열매는 가을~겨울에 채취하여 사용한다.

먹는방법

어린잎을 데쳐서 쌈으로 먹거나 생것을 소금물에 삭혔다가 장에 박아 장아찌를 담가 먹는다.

약용법

줄기 속껍질의 노란 부분은 독성이 강하여 눈이 침침해지고, 가렵고, 가슴이 답답한 증상이 생길 수 있으므로 절대 먹으면 안 된다.

어혈을 풀어주는

호장근

산지에서 자란다. 호장근. 산장, 고장, 반장이라고도 한다.

생태
뿌리줄기가 옆으로 자라면서 새싹이 돋아 포기를 형성하며 높이 1m 내외
로 자란다. 잎은 어긋나고 난형이다.

효능
이뇨, 거풍, 소종 등의 효능이 있으며 어혈을 풀어준다. 적용질환은 풍습
으로 인한 팔다리 통증, 골수염, 임질, 황달, 간염, 수종, 월경불순, 산후에
오로가 잘 내리지 않는 증세, 타박상, 종기, 치질에 쓰인다.

채취시기
어린순이나 잎을 채취하여 사용한다.

먹는방법
어린순을 나물로 하거나 생것을 먹기도 한다.

약간 미끈거리며 신맛이 나는 담백한 풀로 씹히는 느낌이 좋다. 데쳐서 나
물로 하는 이외에 국거리나 기름으로 볶아 먹기도 한다. 신맛은 수산에 인
한 것이므로 날것을 많이 먹는 것은 좋지 않다.

약용법
뿌리줄기를 햇볕에 말린 약재를 1회에 4~10g씩
200cc의 물로 달이거나 가루로 빻아 하루에 3번 복용
한다.

혈액순환을 원활하게 해주는
홀아비꽃대

홀아비꽃대는 전국의 산지에서 자라는 다년생 초본이다.

생태

생육환경은 양지와 반그늘이고 토양이 푹신할 정도로 낙엽이 많고 부엽질
이 풍부한 곳에서 자란다.

효능

전초와 뿌리줄기에 사포닌, 쿠마린, 알칼로이드 등이 들어있고 뿌리줄기
와 잎에는 정유성분이 함유되어 있다. 뿌리는 이뇨제와 통경제 등으로 사
용한다. 전초를 은선초라고 부르며 약용으로 쓰인다.

채취시기

봄부터 여름 사이에 채취하여 사용한다.

먹는방법

대궁이까지 뜯어 삶아 먹는다. 대궁이는 두릅맛과 비슷하다

약용법

내과적인 질환에는 말린 약재를 1회에 0.5~1g씩 200cc의 물로 달이거나
곱게 가루로 빻아 하루에 3회 복용한다.

독초
구별방법

나물
채취방법

나물
식용방법

나물
약용방법

나물
조리방법

한국인의 제철 음식 보약

들나물

기침과 인후염의 치료약으로도 사용하는

가락지나물

쇠스랑개비라고도 한다.

생태
들의 습기 있는 곳에서 자란다. 높이는 20~60cm로 하반부가 비스듬히 누워 자란다. 뿌리잎은 긴 잎자루를 가진 손바닥 모양 겹잎이고 줄기에는 잎이 3개씩 달린다.

효능
해열, 진해, 해독, 소종 등의 효능이 있다. 적용질환은 열이 나는 경우 해열제로 쓰이며 기침과 인후염의 치료약으로도 사용한다.

채취시기
봄에 일찍 갓 자라난 연한 줄기와 잎을 채취한다.

먹는방법
봄에 일찍 갓 자라난 연한 줄기와 잎을 캐어다가 나물로 먹는다.
쓴맛이 나므로 끓는 물에 데친 다음 3~4시간 찬물로 우려낸 뒤에 사용해야 한다.

약용법
뿌리를 포함한 모든 부분을 약재로 쓴다. 말린 약재를 1회에 2~4g씩 200cc의 물로 달여 하루 3회 복용한다.

각시취

산지의 양지바른 풀밭에서 자란다.

생태

줄기 높이는 30~150cm로 곧게 자라며 잔털이 있다. 뿌리에 달린 잎과 밑동의 잎은 꽃이 필 때까지 남아 있거나 없어진다. 줄기에 달린 잎은 길이가 15cm 정도로 긴 타원형이며 깃꼴로 6~10쌍씩 갈라진다. 양면에 털이 나고, 뒷면에는 액이 나오는 점이 있다. 8~10월에 줄기와 가지 끝에 자주색 꽃이 피는데, 총포는 지름 10mm 정도로 둥글고, 총포조각 앞쪽은 막질로 담홍색 부속체가 있다.

효능

다른 이름으로는 가는각시취, 고려솜나물, 나래솜나물, 나래취, 민각시취, 참솜나물, 큰잎솜나물, 홑각시취라고도 하며 한방에서 항염제로 쓰이고, 고혈압, 간염, 관절염을 치료하는 데 쓰인다.

채취시기

이른 봄에 어린 싹을 채취한다.

먹는방법

이른 봄에 갓 자라난 어린 싹을 나물로 해서 먹는다.

소화불량과 장염으로 인한 복통, 설사에 좋은

개망초

두해살이풀로 겨울을 나고 이듬해 초여름에 꽃을 피운 다음 말라 죽어버린다.

생태

줄기는 꼿꼿하게 서서 60cm 안팎의 크기로 자라며 위쪽에서 가지가 갈라 진다.

효능

개망초 전초는 소화불량과 장염으로 인한 복통, 설사에 좋고 또한 전염성 간염, 림프절염, 피오줌 등에 효과가 있다.

채취시기

이른 봄부터 초여름까지 채취한다.

먹는방법

잎이 연하고 부드럽기 때문에 한창 자라나는 초여름까지 새순을 뜯어 나 물이나 국을 끓여 먹을 수 있다.

살짝 데쳐 소금만 넣어서 먹어도 색다른 향과 맛을 즐길 수 있다. 잎이 약 간 세다고 생각하면 된장국으로 끓여 먹는다. 개망초의 맛 을 즐기려면 소금만 넣어서 먹을 수 있고 나물맛을 원하 면 보통 나물과 같이 양념을 해서 무쳐 먹으면 된다. 초고추장에 무쳐서 먹어도 되고 고깃국에 넣어 먹기 도 한다.

설사를 멈추게 하는 작용이 있는

개비름

한해살이풀이다.

생태

연한 줄기는 밑동에서 갈라져 높이 30cm 안팎에 이르게 비스듬히 자라 올라간다. 잎은 서로 어긋나게 자리하며 길이는 1~5cm로서 마름모에 가까운 계란형이다.

효능

비름은 약재로 쓰고 있으나 이 풀은 쓰이지 않는다. 다만 민간에서 설사를 멈추게 하는 작용이 있다고 알려져 있다.

채취시기

어린 순을 채취한다. 양용으로 사용할 때는 여름에 채취하여 말려서 사용한다.

먹는방법

어린 순과 잎을 식용한다.

맛이 순하고 부드러워 나물로 먹거나 국으로 이용하기에 좋다.

약용법

꽃을 포함한 모든 부분을 약으로 쓴다. 말린 풀을 1회에 4~10g 정도씩 200cc의 물에 넣어서 반 정도가 될 때까지 달여서 복용한다.

강력한 항산화력을 가지고 있는

가지

대에서는 한해살이풀이나 열대에서는 여러해살이풀이다.

생태

인도 원산이며, 열대에서 온대에 걸쳐 재배한다. 높이는 60~100cm로, 식물 전체에 별 모양의 회색털이 나고 가시가 나기도 한다. 줄기는 검은 빛이 도는 짙은 보라색이다.

효능

가지에는 강력한 항산화력을 가지고 있는 피토케미컬 안토시아닌, 레스베라트롤이라는 성분이 함유되어 있는데, 이 성분들은 발암물질을 억제하는 효능이 탁월하다. 또한 가지는 위와 장에 쌓인 기름기를 배출해주는 효능이 있어 대장암과 위암을 예방하는데 특히 좋다.

채취시기

적당한 크기로 자라면 가지를 채취하여 사용한다.

먹는방법

열매를 쪄서 나물로 먹거나 전으로 부치고, 가지찜을 해서 먹는다.

눈과 귀를 밝게 하는

갓

한자로 개채 또는 신채라고도 한다.

생태

중국에서는 BC 12세기 주나라 때 이 종자를 향신료로 사용하였다고 하며, 한국에서도 중국에서 들여온 채소류로 널리 재배한다.

효능

동의보감에 따르면 갓은 사람의 몸에 있는 아홉 구멍을 통하게 한다' 하여, 신장의 나쁜 독을 없애주고, 눈과 귀를 밝게 하며 대소변을 원활하게 해준다고 기록되어 있으며, 가래를 없애주고 위장의 기능을 돕는 기능이 기록되어있다. 또한 다른 채소에 비해 단백질 함량이 높고, 비타민A와 C, 철분, 특히 엽산이 많은 것이 특징이다.

채취시기

봄, 가을, 가을에 더 많이 채취한다.

먹는방법

잎은 주로 김치와 나물로 쓰는데 향기와 단맛이 있으며 적당히 매운맛도 있다.

종자는 가루로 만들어서 향신료인 겨자 또는 약용인 황개자)로 쓴다.

류마티스, 관절염에 좋은

갯메꽃

우리나라 각처의 해안가에서 자란다.

생태

덩굴성 다년생 초본으로 꽃은 5-6월에 핀다. 바닷가 모래땅에 흔하게 자라는 해안 사구식물이다.

땅속줄기는 굵고, 옆으로 길게 뻗는다. 줄기는 땅 위를 기거나 다른 물체를 감고 올라가며, 길이 30-80cm다.

효능

뿌리를 효선초근이라고 하며, 이뇨, 진통에 효능이 있고 류마티스, 관절염, 소변불리, 인후염, 기관지염을 치료한다.

채취시기

봄에 꽃이 한창 시기에 채취하여 햇볕에 잘 말린 뒤 봉지에 담아 두었다가 필요에 따라 쓴다.

먹는방법

뿌리를 포함한 모든 부분을 약재로 쓴다.

말린 약재를 1회에 10g 정도를 200mlcc의 물에 넣어 달여서 하루 3회 복용한다.

열을 내리게 하며 진통작용을 하는

갯기름나물(방풍)

사철 푸른 잎을 가지는 세해살이풀로 해변의 바위틈에 난다.

생태

높이 60cm 정도로 자라는 줄기는 굵고 강하다. 여러 개의 가지를 쳐가며 곧게 자라 올라가는 습성을 가지고 있다. 잎은 깊게 세 개로 갈라지고 갈라진 조각은 다시 세 개로 얕게 갈라진다.

효능

땀을 나게 하고 열을 내리게 하며 진통작용을 한다. 적용질환은 감기로 인한 발열, 두통, 신경통, 중풍, 안면신경마비, 습진 등이다.

채취시기

어린순을 채취하여 사용한다. 가을에 채취하여 햇볕에 말린다

먹는방법

어린순을 나물로 해먹는다.

떫고 매운맛이 있으므로 데친 다음 하루 동안 물에 담갔다가 우려낸 뒤에 조리해야 한다. 씹는 느낌이 좋고 향긋한 맛을 가지고 있기는 하지만 독성분이 함유되어 있어서 잘 우려내야 한다.

약용법

습진에는 달인 물로 환부를 닦아낸다.

폐를 맑게 해주는

갯방풍

해방풍, 빈방풍, 해사삼이라고도 한다.

생태
온몸에 흰 잔털이 빽빽하게 나 있는 여러해살이풀로 해변의 모래땅에 난다, 전체에 흰색 털이 나고 뿌리는 모래 속에 깊이 묻히며 높이는 20cm 정도이다.

효능
적용질환은 폐에 열이 있어 마른기침이 나는 증세, 결핵성 기침, 기관지염, 감기, 입이나 목이 마르는 증세 등의 치료약으로 쓴다. 또한 온몸의 가려운 증세를 다스리기 위해서도 사용된다.

채취시기
연한 잎을 채취하여 사용한다.

먹는방법
쌈으로 사용한다.

뿌리를 약재로 쓴다. 연한 잎자루로 생선회를 싸 먹으면 향긋한 맛이 나며 살균작용도 한다고 한다.

부기를 가라앉히는 효능이 있는

거지덩굴

숲 가장자리에 자라는 덩굴성 여러해살이풀이다.

생태

줄기는 능선이 있으며, 마디에 털이 있고, 길이 3-5m이다. 잎은 어긋나거나 꽃차례가 있는 마디에서는 마주나며, 작은잎 5장으로 된 겹잎이다. 잎 가장자리는 톱니가 있고, 잎맥 위에 털이 난다. 덩굴손은 잎과 마주난다.

효능

열을 내리고 습을 배출시키며 해독하고 부기를 가라앉히는 효능이 있다. 옹종, 정창, 유행성 이하선염, 단독, 풍습통, 황달, 전염성 하리증, 요혈, 백탁을 치료한다.

채취시기

전초 또는 뿌리의 채취는 여름부터 가을에 채취한다.

먹는방법

햇볕에 말린 후 그대로 썰어서 사용한다.

겹삼잎국화

원산 북아메리카, 도로변, 길가, 정원에 관상용으로 심어 기르던 것이 야생화되었다.

생태

전국에 자란다. 여러해 살이 플로 줄기는 곧추서고 높이 1.5-2.0m 원기둥 모양이며 분백색이 돈다, 뿌리잎은 5-7갈래로 갈라지며, 줄기잎은 3-5갈래로 갈라진다.

잎 가장자리는 톱니 모양이다. 꽃은 7-8월에 피는데 줄기와 가지 끝에 머리모양 꽃차례가 1-3개 달리며, 황록색이로 겹꽃이다. 열매는 9-10월에 익는다.

효능

채취시기

어린잎과 순을 채취하여 사용한다.

먹는방법

부드러운 잎과 순으로 부침개를 하면 맛있다.

데쳐서 무치거나 초고추장에 찍어 먹는다.

불면증에 좋은

한 해 또는 두해살이풀로 중국에도 분포한다.

생태

생육환경은 양지 혹은 반그늘에서 자란다. 키는 20~80cm이고, 잎은 길이 2.5~5cm, 폭 1.4~1.7cm로 표면은 녹색, 뒷면은 회청색이고 끝은 빗살처럼 갈라진다.

효능

고들빼기 전체에 건위작용 성분이 들어있기 때문에 불면증에 좋다. 또한 설사를 멎게 하거나, 부기를 완화시켜주거나, 뱀에 물린 상처나 요로결석 등을 치료해준다.

채취시기

봄에 어린잎을 채취하여 사용한다.

먹는방법

뿌리와 어린잎을 식용으로 캐서 나물로 먹기도 하고 김치도 만들어 먹는다.

전초는 약용으로 사용한다.

암 예방에 효과적인

고구마

감서, 단고구마라고도 한다.

생태

한국 전역에서 널리 재배한다. 길이 약 3m이다. 줄기는 길게 땅바닥을 따라 벋으면서 뿌리를 내린다. 잎은 어긋나고 잎몸은 심장 모양으로 얕게 갈라지며 잎과 줄기를 자르면 즙이 나온다.

효능

암 예방에 효과적, 변비치료, 혈압을 낮추고 성인병을 예방한다.

채취시기

여름이나 가을에 줄기를 채취하여 사용한다.

먹는방법

줄기와 잎은 나물로 만들어 먹는다.

고구마는 여러가지로 먹는 방법이 많다. 요즘은 많은 효능이 알려져 있어 많이 사용하고 있다.

시력에도 좋고 이뇨작용에 좋은

고마리

고마리는 각처에서 자라는 덩굴성 일년생 초본이다.

생태

생육환경은 양지바른 곳이나 반양지에서 잘 자란다. 키는 약 1m 정도이고
잎은 표면에 털이 있으며 가장자리에는 짧은 녹색털이 있고 길이는 4~7
cm, 폭은 3~7cm로 창처럼 앞이 뾰족하다.

효능

지혈제로 쓰이고 콜레라에도 사용한다, 시력에도 좋고 이뇨작용에 좋다

채취시기

어린잎을 채취하여 사용한다.

먹는방법

끓는 물에 데친 다음 나물로 먹기도 하고 장아찌를 담아 먹기도 하며 말려
서 차로 만들어 마시기도 한다.

류머티즘과 신경통에도 좋은

고추나물

고추나물은 전국의 산과 들에서 자라는 다년생 초본이다.

생태

생육환경은 주변에 습기가 많고 양지 혹은 반그늘에서 잘 자란다. 키는 20~60cm이고, 줄기는 둥글고 가지가 갈라지며 자란다.

효능

줄기와 잎을 찧은 즙을 타박상에 바르면 특효가 있으며, 지혈은 물론이고 류머티즘과 신경통에도 좋다. 줄기와 잎을 말려 달여 마시면 산기의 요복통, 두통, 부종, 황달에도 효능이 있다.

채취시기

봄에 어린 순을 채취한다.

먹는방법

봄에 어린순은 식용으로 사용하고 약용으로 성숙한 순을 사용한다.

피부병에 좋은

괭이밥

초장초, 괴싱이, 시금초라고도 한다.

생태

밭이나 길가, 빈터에서 흔히 자란다. 높이는 10~30cm이며 가지를 많이 친다. 풀 전체에 가는 털이 나고 뿌리를 땅속 깊이 내리며 그 위에서 많은 줄기가 나와 옆이나 위쪽으로 비스듬히 자란다.

효능

한방에서는 임질, 악창, 치질, 살충 등에 처방한다. 날 잎을 찧어서 옴과 기타 피부병, 벌레물린 데 바른다.

채취시기

어린잎을 채취하여 사용한다.

먹는방법

어린잎을 나물로 먹는다.

끓는 물에 살짝 데쳐 나물로 먹는다. 생잎은 신맛이 난다.

약용법

생즙을 내어 복용해도 된다. 달인 물로 외상의 환부를 자주 씻어내거나 치질의 경우에는 찜질을 한다.

풍을 제거하고, 신경통에 좋은

광대나물

두해살이풀이다.

생태
줄기는 밑에서 많이 갈라지며, 높이 10~30cm, 자줏빛이 돈다. 잎은 마주
나며, 아래쪽의 것은 원형으로 지름 1~2cm, 잎자루가 길다. 위쪽 잎은 잎
자루가 없고 반원형, 양쪽에서 줄기를 완전히 둘러싼다.

효능
식물전체를 여름에 채취해 부분별로 약제로 사용한다. 초여름에 채취하여
햇볕에 말리거나 생풀을 사용하는데, 풍을 제거하고, 신경통, 관절염, 사지
마목, 반신불수, 인후염, 결핵성 임파선염, 지혈약으로 사용된다. 타박상
과, 지혈작용, 혈액순환, 결핵성, 임파선염, 풍, 진통작용, 소종 신경통, 관
절염, 인후염 등에 효과가 있다.

채취시기
5월 어린순을 채취한다.

먹는방법
어린순은 나물로 먹으며 민간에서 지혈제로 이용한다.
된장국에 끓이거나, 버무려서 먹는 등 음식으로 먹고,
약용으로 쓰이기도 한다.

근육에 경련을 일으키는 증세에 좋은

갯완두

갯완두는 해안가 모래땅에서 자라는 다년생 초본이다.

생태

생육환경은 모래가 많아 물 빠짐이 좋고 햇볕을 많이 받는 곳에서 자란다.
키는 20~60cm이다.

효능

감기로 인한 열, 살갗에 물집이 돋고 몸이 붓는 증세, 소변이 잘 나오지 않
는 증세, 가슴속이 갑갑한 증세, 뼈마디가 쑤시고 아픈 증세, 설사 등의 치
료약으로 쓰인다.

채취시기

꽃이 피기 전에 어린순을 채취하여 사용한다.

먹는방법

맛이 순하고 달다. 어린순을 나물로 해먹거나 또는 국거리로 쓴다.
기름으로 볶아 먹는 방법도 있다.

약용법

약용으로 말린 약재를 1회에 3~6g씩 200cc의 물로 달이거나 또는 가루
로 빻아 복용한다.

거담, 진해, 건위, 진정 등의 효능이 있는

금불초

쌍떡잎식물 초롱꽃목 국화과의 여러해살이풀로 습지에서 자란다.

생태

　뿌리줄기가 뻗으면서 번식하는데 높이 30~60cm이고 전체에 털이 나며 줄기는 곧게 선다. 잎은 어긋나고 잎자루는 없다.

효능

주로 해수, 천식, 소화불량, 흉협창만, 심하비경을 치료하며, 간, 폐, 위, 방광경에도 이용된다.

채취시기

어린순을 채취하여 사용 한다.

먹는방법

어린순은 식용, 꽃은 약용으로 쓰인다.

맵고 쓴맛이 강하다.

어린순을 채취하여 나물로 해 먹거나 국거리로 한다.

맵고 쓴맛을 없애려면 끓는 물로 데친 다음 찬물로 하루 정도 담갔다가 나물로 무치거나 된장국에 넣어 먹는다.

약용법

약재를 1회에 2~4g씩 200cc의 물로 반 정도의 양이 되게 달이거나 가루로 빻아 하루 3회 복용한다.

항암, 항산화, 항염증 강화에 좋은

기름나물

생태

꽃은 7-9월에 핀다. 햇볕이 비교적 잘 드는 산지에 흔하게 분포하며, 습기가 많은 토양에서 자란다. 여러해살이풀이다. 뿌리줄기는 짧고, 위쪽에 섬유가 있다.

효능

기름나물은 심혈관 기능을 높여 주는 역할, 혈액 내 콜레스테롤을 감소, 콜레스테롤을 침착하는 것을 억제, 항암, 항산화, 항염증 강화, 면역 증진 효과 외에도 혈당조절, 대장암, 전립성비대증 치료에 효과적인 것으로 알려져 있다.

채취시기

봄에 자란 새 순을 채취하나다. 가을에 채취하여 햇빛에 말려서 쓴다.

먹는방법

봄에 자란 새 순을 캐어서 나물로 하거나 생채로 먹는다.

나물로 무칠 때는 가볍게 데쳐서 먹는다.

약용법

약재를 1회에 2~4g을 물로 달여 하루 3회 복용한다.

천식, 기관지염, 인후염의의 감기증상에 좋은

금창초

금창초는 우리나라 남부지방의 길가에서 자라는 다년생 초본이다.

생태

생육환경은 습기가 많은 곳이나 양지에서 잘 자란다. 키는 4~6㎝ 정도이며, 잎은 끝이 뾰족하게 갈라진 형식의 난형이다. 줄기 및 잎에는 많은 털이 나 있으며, 잎 가장자리에는 물결 모양의 톱니가 있고 줄기는 누워 있다.

효능

해수, 천식, 기관지염, 인후염의의 감기증상에 좋은 효능을 가지고 있으며 그밖에 타박상, 옹종, 정창 등에도 쓰인다.

채취시기

봄에 어린잎을 채취하여 사용한다.

먹는방법

봄에 자란 어린잎을 나물로 만들어 먹는다.

약용법

약용으로 잎, 줄기, 꽃, 뿌리 전체가 약용으로 쓰인다.

고혈압에 좋은

까치수염

까치수염은 우리나라 각처의 산과 들에 자라는 다년생 초본이다.

생태

생육환경은 양지의 모래와 돌이 많은 곳에서 잘 자란다. 키는 0.5~1m 정도, 잎은 양끝이 좁고 긴 타원형이고 가장자리는 밋밋하다.

효능

열을 내리고 부기를 내리는 효능, 생리통, 생리불순, 자궁출혈, 화농성 유선염, 인후의 염증이나 통증, 타박상 등에 사용하며 고혈압에도 응용한다.

채취시기

어린 순을 채취하여 사용한다.

먹는방법

쓰고 떫은맛이 강하므로 데쳐서 충분히 우려내야 하며 국거리로 하거나 볶아 먹기도 한다.

어린 순은 데쳐서 나물이나 국으로 사용한다. 쌀과 섞어 밥을 지어 먹기도 한다.

개화기에는 뿌리를 포함한 모든 부위를 채취하여 한방에서 사용한다.

항균작용, 살균작용을 하는

깨풀

한해살이풀로 온몸에 잔털이 나 있다.

생태
곧게 서는 줄기는 가지를 치면서 30cm 안팎의 높이로 자란다. 잎은 서로 어긋나게 자리잡고 있으며 계란 꼴에 가까운 길쭉한 타원 꼴이다.

효능
항균작용, 살균작용, 살충, 지혈, 설사, 토혈, 세균성 하리, 장염, 아메바성 적리, 장티푸스, 호흡곤란, 기침, 천식, 해수, 각혈, 부골저누관, 단진, 습진, 젖부족, 자궁출혈, 소아복창, 고환종대, 소아감적, 뱀에 물린 상처, 외상출혈, 아메바성 이질, 피부염, 토혈, 비출혈, 변혈, 이질로 인한 타창을 다스린다.

채취시기
봄철에 연한 순을 채취한다. 약용으로는 봄과 여름에 채취하여 말려서 사용한다.

먹는방법
매우 쓰고 떫은 맛이 강해서 데친 다음 찬물에 오래도록 담가 잘 우려서 쓴맛을 없앤 후 조리한다.

연한 순을 따다가 나물로 해먹는다.

말린 약재를 1회에 4~6g씩 200cc의 물로 달여서 복용한다.

흥분을 가라앉히는 작용을 하는

꽃다지

꽃다지는 우리나라 각처의 들에서 자라는 2년생 초본이다.

생태
생육환경은 햇볕이 잘 들어오는 곳이면 토양의 조건에 관계없이 자란다. 키는 약 20cm이고, 잎은 긴 타원형으로 길이는 2~4cm, 폭은 0.8~1.5cm로 방석처럼 퍼져 있다. 어린 식물은 식용으로 쓰인다.

효능
이뇨, 거담, 완하 등의 효능이 있으며 기침을 가시게 하고 흥분을 가라앉히는 작용도 한다. 적용질환은 기침, 천식, 심장질환으로 인한 호흡곤란, 변비, 각종 부기 등이다.

채취시기
어린순을 채취하여 사용한다. 약용으로 익은 열매를 채취하고 말려서 사용한다.

먹는방법
어린순은 살짝 데쳐서 떫은 맛을 제거한 뒤 나물을 해 먹는다.

봄이 지나 웃자랐더라도 나물로 먹을 수 있다.

둘둘 말아서 양념장에 찍어생채로 먹기도 하며 비빔밥에 섞어 먹어도 좋다. 생식으로 녹즙을 만들어 마시기도 한다. 된장국 만들어 먹어도 맛이 있다.

팔다리가 굳어지고 마비되는 증세에 좋은

꽃마리

잣냉이라고도 한다.

생태

들이나 밭둑, 길가에서 자란다. 줄기는 높이가 10~30cm이고 전체에 짧은 털이 있으며 밑 부분에서 여러 개로 갈라진다. 뿌리에서 나온 잎은 긴 잎자루가 있고 뭉쳐나며 달걀 모양 또는 타원 모양이다.

효능

적용질환은 팔다리가 굳어지고 마비되는 증세를 비롯해 야뇨증, 대장염, 이질 등을 다스리는 약으로 쓰인다.

채취시기

이른 봄에 어린 풀을 채취한다.

먹는방법

이른 봄에 어린 풀을 나물로 해 먹거나 나물죽을 쑤어 먹는다.

약간 맵고 쓴맛이 있어 데쳐서 3~4시간 찬물로 우려낸 다음 조리한다.

약용법

종기의 독을 풀기 위해서는 생품을 짓찧어서 붙이거나 말린 약재를 가루로 빻아 기름에 개어 환부에 바른다.

간, 이뇨, 소염 등에 효과가 있는

꿀풀

여러해살이풀이다.

생태

뿌리줄기가 있다. 줄기는 붉은색이 돌며, 털이 많고, 높이 20-60cm다. 잎은 마주나며, 난형 또는 난상 타원형, 길이 3-5cm, 폭 1.0-1.5cm, 가장자리가 밋밋하거나 톱니가 조금 있다.

효능

동의보감에 어린 싹은 쓴맛이 강해 데쳐서 이틀정도 우려 낸 다음 양념해서 나물로 먹는다. 꽃이 반 정도 마를 때 채취해 햇볕에 말려 잘게 썰어 달이거나 가루로 먹으면 간, 이뇨, 소염 등에 효과가 있다. 생풀을 짓이겨 유선염과 종양에 붙이고 안질일 경우 달인 물로 환부를 씻어내면 좋다.

채취시기

봄에 어린 풀을 채취한다.

먹는방법

어린잎은 식용하며, 전초는 약용한다.

열을 내리고, 어혈을 풀어주는

남산제비꽃

남산제비꽃은 우리나라 전역의 산과 들에 자라는 다년생 초본이다.

생태

생육환경은 양지 혹은 반음지의 물 빠짐이 좋은 곳에 자란다. 키는 10~15 cm이고, 잎은 3개로 완전히 갈라지며 옆에서 있는 것은 다시 2개로 갈라져 새발 모양을 하고 뿌리 부분에서 나온다.

효능

한방에서 뿌리째 캔 줄기를 정독초라 하여 약으로 쓰는데 열을 내리고, 어혈을 풀어주며, 독을 없애고 염증을 가라앉히는 효능이 있다.

채취시기

봄에 어린잎을 채취하여 사용한다.

먹는방법

봄철에는 어린잎을 데쳐서 나물로 무쳐 먹는다.

약용법

약용으로 아로마테라피 조경, 허브가든 , 향료용으로 이용되어 왔으며 잎은 초산을 매염제로 하여 염료로 사용한다.

노화를 억제시켜 주는

냉이

들이나 밭에서 자란다.

생태

전체에 털이 있고 줄기는 곧게 서며 가지를 친다. 높이는 10~50cm이다.
뿌리잎은 뭉쳐나고 긴 잎자루가 있으며, 깃꼴로 갈라지지만 끝부분이 넓
다. 줄기잎은 어긋나고 위로 올라갈수록 작아지면서 잎자루가 없어지며 바
소꼴로 줄기를 반 정도 감싼다.

효능

성질이 따뜻하고 맛이 달며 독성은 없다. 단백질, 칼슘, 철분 등이 풍부하
고 비타민A가 많아 춘곤증 예방에 좋다. 또한 간을 건강하게 하고 눈을 밝
게 하며 소화를 돕는다.

채취시기

이른 봄에 새싹을 채취해 사용한다.

먹는방법

어린잎을 나물로 식용한다.

입맛을 돋구기도하고 다양한 영양분이 함유되어 있어 봄철에 아주 좋다.

노랑선씀바귀

국화과의 여러해살이 풀이로 길가나 풀에서 자라며 키가 약 20~50cm정도 된다.

생태

잎의 생김새는 줄 꼴에 가까운 피침 꼴로 잎의 가장자리는 일반적으로 밋밋한데 때로는 무딘 톱니를 가지며 또는 깃털 모양으로 다소 깊게 갈라지기도 한다.

효능

채취시기

잎과 어린순을 채취하여 사용한다.

먹는방법

다른 씀바귀처럼 잎과 어린순을 생으로 쌈 싸 먹거나 무친다.

데쳐서 무치기도 한다. 뿌리째 캐서 무치거나, 김치와 장아찌를 담기도 한다. 쓰지 않은 나물과 섞어 먹으면 맛이 잘 어우러진다. 즙을 내어 먹기도 한다. 나물할 때는 잎과 어린순을 사용하지만 뿌리째로도 사용한다.

월경불순을 치료하는

논냉이

여러해살이풀이다.

생태

꽃은 4-5월에 핀다. 물가나 경작지 주변의 습지에 자라는 여러해살이풀이다. 줄기는 높이 20-80cm이며 보통 털이 없다. 잎은 어긋나며, 깃꼴로 갈라진다. 작은잎은 보통 5-9장이고 원형 또는 타원형이며, 가장자리는 물결 모양이다.

효능

청열, 양혈, 명목, 조경의 효능이 있다. 이질, 토혈, 목적통, 월경불순을 치료한다.

채취시기

어린순을 채취하여 사용한다.

먹는방법

어린순을 식용한다.

신경안정, 불면증에 좋은

달래

산과 들에서 자란다.

생태

백합과의 여러해살이풀로 키가 5~12㎝ 정도이고 잎의 길이가 10~20㎝ 정도이다. 흰 꽃은 4월경에 피고 열매는 둥그런 삭과로 익는다. 높이는 5 ~12cm이고 여러 개가 뭉쳐난다. 비늘줄기는 넓은 달걀 모양이고 길이가 6~10mm이며 겉 비늘이 두껍고 밑에는 수염뿌리가 있다.

효능

마늘과 흡사한 냄새가 나면서 맛이 맵다. 산야에서 자란 자연산이 재배산 보다 향이 더 짙고 맛이 있기 때문에 강장에 좋다. 뿌리와 잎을 생채로 무 쳐먹거나, 된장찌개 등에 넣기도 한다. 동의보감에 벌레에 물린 상처에 달 래를 찧어 붙이면 가려움증이 낫고 보혈, 신경안정, 불면증, 자궁혈증, 월 경불순, 신경항진 등에 효능이 있다.

채취시기

달래는 봄과 가을에 캐서 이용한다. 시중에서는 겨우내 달 래를 구경할 수 있지만 실제 밭에서 자라는 모습을 지켜 보면 3월 말은 지나야 알뿌리와 함께 캐서 이용할 수 있다.

먹는방법

어린잎과 뿌리로 국을 끓여먹는다

혈액순환개선, 신체기능과 체력증진에 좋은

달맞이꽃

생태
바늘꽃과의 두해살이풀로 꽃은 아침에서 저녁까지 오므라들었다가 밤이 되면 활짝 벌어진다. 키가 50~90㎝이고 잎은 어긋나면서 좁고 길다. 노란색 꽃은 7월부터 가을까지 핀다.

효능
달맞이꽃에 함유되어 있는 종자유는 혈액순환개선, 신체기능과 체력증진, 관절염, 생리불순, 피부건강, 고혈압 등에 효능이 있다.

채취시기
뿌리는 가을에, 어린 싹은 이른 봄에 채취한다.

먹는방법
아직 줄기가 자라나기 전인 이른 봄에 어린 싹을 캐어서 나물로 해 먹는다.

매운맛이 있으므로 데쳐서 잠깐 찬물에 우려낸 다음 간을 맞출 필요가 있다. 꽃을 튀김으로 해서 먹는 것도 별미다.

약용법
피부염에는 생잎을 짓찧어서 환부에 붙이거나 말린 약재를 가루로 빻아 기름에 개어서 바른다.

당뇨병 치료 등에 효능이 있는

닭의장풀

남아메리카 칠레가 원산지인 귀화식물이며 물가, 길가, 빈터에서 자란다.

생태

굵고 곧은 뿌리에서 1개 또는 여러 개의 줄기가 나와 곧게 서며 높이가 50 ~90cm이다. 전체에 짧은 털이 난다. 잎은 어긋나고 줄 모양의 바소꼴이며 끝이 뾰족하고 가장자리에 얕은 톱니가 있다.

효능

식물전초를 한방에서는 해열, 해독, 이뇨, 당뇨병 치료 등에 사용한다. 또한 꽃에서 푸른색 염료를 추출해 종이 염색에 사용된다.

채취시기

봄에 자라는 새잎을 채취한다.

먹는방법

봄에 자라는 새잎을 이용해 나물로 먹는데 잠시 동안 찬물로 우려낸 다음 간을 맞추어야 나물감으로 먹기 좋으며,

한방에서는 뿌리를 달여 복용한다.

중풍과 반신불수의 치료약재로 쓰이는
대나무(죽순)

세계적으로 분포하나 주로 열대 지방에서 자라며 특히 아시아의 계절풍 지대에 흔하다.

생태

우리나라에서는 중부 이남과 제주도에 많이 분포하고 있다. 키가 큰 왕대 속의 경우에는 높이 30m, 지름 30cm 까지 자라기도 한다. 습기가 많은 땅을 좋아하고 생장이 빠르다.

효능

죽력은 대나무를 쪼개서 항아리에 넣고 황토와 왕겨를 이용하여 간접 열을 쏘여 흘러내린 액체를 모은 것이 죽력으로 중풍과 반신불수의 치료약재로 쓰이고, 피부의 열을 내리는 효과도 있어서 화상을 입었을 때 죽력을 피부에 계속 발라주면 빨리 가라앉도록 도와준다.

채취시기

죽순을 채취하여 사용한다.

먹는방법

여러가지로 조리하여 먹는다.

강장, 이뇨, 소종 등의 효능이 있는

댑싸리

중국 원산의 한해살이풀이다.

생태

줄기는 나무처럼 빳빳하고 곧게 서며 많은 가지를 쳐서 1.5m 정도의 높이까지 자란다. 많은 잎은 서로 어긋나게 자리잡고 있으며 피침 꼴 또는 줄꼴 모양을 하고 있다.

효능

적용질환으로는 신장염, 방광염, 임질, 고환, 음낭 등으로 생겨나는 신경통, 복수, 소변이 잘 나오지 않는 증세, 옴, 음부가 습하고 가려운 증세 등이다. 그밖에 성기의 위축을 치료하기 위해서도 쓰인다.

채취시기

늦봄에 어린잎을 채취한다. 열매가 익을 때 베어서 햇볕에 말린 뒤 열매를 털어 모은다.

먹는방법

늦봄에 어린잎을 나물로 해먹거나 국거리로 한다.

쓴맛이 거의 없으므로 살짝 데쳐서 찬물로 한 번 헹구기만 하면 조리할 수 있다. 명아주처럼 부드럽고 맛이 담백하다.

이뇨작용을 하는
댕댕이덩굴
댕강넝쿨이라고도 한다.

생태
들판이나 숲가에서 자란다. 줄기는 3m 정도이다. 잎은 어긋나고 달걀 모양이며 윗부분이 3개로 갈라지기도 한다. 줄기와 잎에 털이 있다. 잎 끝은 뾰족하고 밑은 둥글며 길이 3~12cm, 나비 2~10cm로서 3~5맥이 뚜렷하다.

효능
이뇨작용을 한다. 그래서 손발의 경련이나 부종, 전신부종, 소변곤란, 피부의 가려움, 비만등에 사용한다.

채취시기
연한 순을 채취하여 사용한다.

먹는방법
연한 순을 나물로 무쳐 먹고, 그 뿌리를 한약재인 방기로 사용한다.

약용법
말린 약재를 1회에 2~4g씩 200cc의 물로 달이거나 말린 약재를 가루로 빻아 하루 3회 복용한다.

어혈을 없애고 통증 완화 작용을 하는

도깨비바늘

산과 들에서 자란다.

생태

높이는 25~85cm이고 털이 다소 있으며 줄기는 네모진다. 잎은 마주나고 양면에 털이 다소 있으며 2회 깃꼴로 갈라진다. 갈라진 조각은 달걀 모양 또는 긴 타원형으로 끝이 뾰족하고 톱니가 있다. 위로 올라갈수록 작아지고 밑부분의 잎은 때로 3회 깃꼴로 갈라진다.

효능

어혈을 없애고 통증 완화와 부기를 가라앉히는 작용을 한다. 도깨비바늘 추출물은 식도암에 의한 음식물의 역류, 목이 붓고 아픈 증상, 위 부문부의 경련 및 식도확장에 효과가 있다

채취시기

어린순을 채취하여 사용한다. 약재로는 여름부터 가을사이에 전초를 사용한다.

먹는방법

어린순은 식용하며,

전초는 약용한다.

피를 맑게 하는
돌나물

들과 산에서 자란다.

생태

줄기는 옆으로 뻗으며 각 마디에서 뿌리가 나온다. 꽃줄기는 곧게 서고 높이는 15cm 정도이다. 잎은 보통 3개씩 돌려나고 잎자루가 없으며 긴 타원형 또는 바소꼴이다. 잎 양끝이 뾰족하고 가장자리는 밋밋하다. 꽃은 황색으로 8~9월에 피며 취산꽃차례를 줄기 끝에 이루고 지름 6~10mm이다.

효능

이른 봄에 어린잎과 줄기를 채취해 김치나 물김치로 담가먹는데, 비타민C가 많고 향기가 매우 좋다. 돌나물의 줄기가 채송화처럼 생겼고 5~6월경에 노란색 꽃이 핀다. 효능은 간염, 황달, 간경변증 등에 효과가 좋다. 동의학사전에 돌나물이 전염성 간염에 효과가 좋다. 특히 돌나물은 피를 맑게하기 때문에 대하증에도 효능이 있다.

채취시기

어린 줄기와 잎을 채취하여 사용한다. 10월(주조용)

먹는방법

어린 줄기와 잎은 김치를 담가 먹는데 향미가 있다.
연한순은 나물로 한다.

다이어트 효과가 있고 당뇨병에 좋은

돼지감자

뚱딴지라고도 한다.

생태

높이 1.5~3m 정도로 곧게 자라며 겉에 거친 털이 있어 껄끄럽다. 잎은 아래쪽에서는 마주달리고 윗부분에서는 어긋나게 달린다. 잎몸은 타원형으로 가장자리에 톱니가 있고 잎자루에 날개가 있다. 9~10월 줄기 끝에 많은 가지가 갈라져 지름 8cm 정도의 해바라기를 닮은 노란색의 두상화가 달린다.

효능

칼로리가 낮아 다이어트 효과가 있고 당뇨병 및 진통에 좋으며 열을 떨어뜨리고 대량출혈에도 사용한다.

채취시기

돼지감자는 17℃ 이하가 되어야 덩이줄기가 비대해진다. 그래서 서리가 내리고 잎이 마르고 줄기가 앙상해질 때가 수확시기다. 이때부터 이듬해 봄, 새로운 싹이 돋아나기 전까지 수확할 수 있다.

먹는방법

돼지감자를 수확하여 믹서에 갈아서 마셔도 되고 효소를 만들어 마셔도 된다.

질병을 예방하고 암세포 증식을 억제하는

들깨

낮은 지대의 인가 근처에 야생으로 자란다.

생태

한국에는 통일신라시대에 참깨와 함께 들깨를 재배한 기록이 있는 것으로 보아 옛날부터 전국적으로 재배된 것으로 보인다.

효능

깨와 마찬가지로 깻잎은 영양가가 뛰어난 알칼리성 식품으로 오메가-3지방산(리놀렌산)은 머리를 맑게 해주고 세포 발달에 관여해 기억력과 학습능력을 높여주는 기능을 가지고 있으며 들깻잎에 함유된 페릴라케톤, 리모넨 등 방향성 정유성분은 비린내를 없애주며 인체에 꼭 필요한 필수 지방산으로 성장저해, 피부질환 등 질병을 예방하고 암세포 증식을 억제하여 유방암과 대장암 발생을 억제 한다.

채취시기

여름에 잎을 채취하여 사용한다.

먹는방법

깻잎은 삼겹살 같은 돼지고기를 싸먹을 때 좋으며, 물고기로 매운탕을 끓일 때 넣으면 비린내를 없애는 데 아주 탁월하다.

중풍, 고혈압, 산후복통에 좋은

등골나물

산과 들의 초원에서 자란다.

생태

전체에 가는 털이 있고 원줄기에 자주빛이 도는 점이 있으며 곧게 선다.
높이는 70cm 정도이다. 밑동에서 나온 잎은 작고 꽃이 필 때쯤이면 없어
진다. 중앙부에 커다란 잎이 마주나고 짧은 잎자루가 있으며 달 모양 또는
긴 타원형이고 가장자리에 톱니가 있다.

효능

황달 치유, 한방에서는 황달, 통경, 중풍, 고혈압, 산후복통, 토혈, 폐렴 등
한약제로 사용된다.

채취시기

어린순을 채취하여 사용한다.

먹는방법

봄철에 자라나는 어린순을 데쳐서 무쳐 먹는데 그 맛이 매우 쓰고 매워 데
친 다음 꼭 우려서 조리하도록 해야 한다.
양념 쓰기와 조리법 여하에 따라 맛이 달라진다.

혈액순환을 좋게 하는

딱지꽃

딱지꽃은 우리나라 각처의 들, 개울가, 바닷가에 나는 다년생 초본이다.

생태

생육환경은 햇볕이 많이 들어오는 곳에서 자란다. 키는 30~60cm이고, 잎은 길이가 2~5cm, 폭이 0.8~1.5cm로 긴 타원형이고 표면에는 털이 없으나 뒷면은 하얀색 털이 많이 있다.

효능

습을 없애고 열을 내리며 독을 푸는 작용이 있다. 또 설사를 멎게 하고 피나는 것을 멈추며 장티푸스균, 적리균, 포도알균 등 온갖 균을 죽인다. 갖가지 염증을 치료하고 모세혈관을 튼튼하게 하며 혈액순환을 좋게 하는 작용도 있다.

채취시기

어린순을 채취하여 사용한다.
4~10월 뿌리가 달린 전초를 채집하여 꽃가지와 열매가지를 제거하고 햇볕에 말린다.

먹는방법

어린순은 나물로 먹거나 국거리로 쓰이며, 뿌리를 포함한 전초는 약용으로 쓰인다.

복통, 구토, 지혈 등에 쓰이는

쑥(약쑥)

약쑥, 사재발쑥, 모기태쑥이라고도 한다.

생태

국화과의 여러해살이풀로 뿌리줄기가 옆으로 기면서 자란다. 잎은 어긋나고 날개깃처럼 깊게 4~8갈래로 갈라져 있으며 향기가 난다. 연분홍색 꽃은 7~9월경 두상꽃차례로 피는데, 하나의 꽃차례가 무리로 달린다. 양지바른 풀밭에서 자란다. 높이 60~120cm이다.

효능

동의보감에 '지혈, 온경, 이담, 해열, 지통, 거담, 지사 등에 효능이 있고 옴이나 습진 치료 때도 생 쑥을 찧어 환부에 붙이면 된다. 줄기와 잎을 단오 전후에 캐서 그늘에 말린 것을 약애라고 해 복통, 구토, 지혈 등에 쓰인다. 애엽은 잎만 말린 것인데, 약한 상처에 잎의 즙을 바르면 된다.

채취시기

어린순을 채취하여 사용한다. 음력 5월 단오 무렵에 채취한다.

먹는방법

어린순은 떡에 넣어서 먹거나 된장국을 끓여 먹는다.
약재로도 쓴다.

위장동통, 산후복통, 간기능장애에 좋은

뚝갈

뚜깔이라고도 한다.

생태

산과 들의 볕이 잘 드는 풀밭에서 자란다. 줄기는 곧게 서고 높이가 1.5m 이며 전체에 흰색의 짧은 털이 빽빽이 나고 밑 부분에서 가는 기는가지가 나와 땅속 또는 땅 위로 벋으며 번식한다.

효능

진통, 보간, 해독, 소종, 배농의 효능이 있어 한방에서는 위장동통, 산후복 통, 간기능장애, 간염, 간농양, 위궤양, 자궁내막염, 적백대하, 안질, 유행 성이하선염, 옹종, 개선 등에 사용한다.

채취시기

어린잎을 채취하여 사용한다. 여름에 전초를 채취하여 말리거나, 가을에 뿌리를 채취하여 사용한다

먹는방법

어린잎을 살짝 데쳐 나물로 무쳐 먹으며, 말린 것을 기름에 볶아 먹기도 한다.

된장국의 국거리로 쓰고 순을 잘게 썰어 나물밥을 지어 먹는다.

이뇨작용, 혈압하강작용을 하는

마디풀

한해살이풀이다.

생태

가늘고 긴 줄기는 비스듬히 눕거나 곧게 서고 가지를 치면서 30cm 안팎의 높이로 자란다. 짤막한 잎자루를 가진 잎은 마디마다 서로 어긋나게 자리한다. 피침 꼴 또는 길쭉한 타원 꼴인 잎은 끝이 무디며 길이는 3~4cm이다.

효능

이뇨작용, 혈압하강작용, 자궁과 지혈작용, 항균작용을 한다.

채취시기

4~5월에 연한 순을 채취하여 사용한다. 약용으로는 여름철에 꽃이 피는 것을 기다려서 채취하여 햇볕에 말린다.

먹는방법

4~5월에 연한 순을 따다가 나물로 무쳐 먹는다.

약간 쓴맛이 나므로 데친 뒤 잠시 찬물에 담가 쓴맛을 우려내어야 한다.

약용법

잎과 줄기를 약재로 쓴다. 생즙을 낼 때에는 40~60g의 생풀을 이용한다.

허약한 사람에게는 좋은 영양제가 되는

마름

한해살이풀이다.

생태

꽃은 7~9월에 핀다. 호수나 연못 등의 고인 물이 있는 곳에서 자라는 수생식물로 전국의 연못에 흔하게 자라는 한해살이 물풀이다. 줄기는 가늘고 길다. 물속의 잎은 깃꼴로 가늘게 갈라진다.

효능

자양, 강장의 효능이 있어 신체가 허약한 사람에게는 좋은 영양제가 된다. 또한 해독과 지갈(止渴)작용을 하여 주독도 풀어준다.

채취시기

어린잎을 채취하여 사용한다.

먹는방법

어리고 연한 잎과 줄기를 데쳐서 말려 두었다가 때때로 나물로 먹는다. 또한 씨를 쪄서 가루로 빻아 떡이나 죽으로 해서 먹기도 한다.

약용법

껍질을 벗겨서 날 것을 먹거나 삶아 먹는다. 말린 씨를 1회에 3~5g씩 달여서 복용하면 위암에 좋다는 말이 있다.

전체를 자궁암에 쓰는

말냉이

낮은 지대의 밭이나 들에서 자란다.

생태

높이 20~60cm이다. 잿빛이 섞인 녹색을 띠고 줄기에는 능선이 있으며 털이 없다. 뿌리에 달린 잎은 모여 나와서 옆으로 퍼지고 넓은 주걱 모양이 며 잎자루가 있다. 줄기에 달린 잎은 어긋나고 거꾸로 선 바소 모양의 긴 타원형이며 길이 3~6cm, 나비 1~2.5cm로서 가장자리에 톱니가 있다.

효능

말냉이 전체를 자궁암에 쓴다. 말냉이를 다른이름 '석명' 이라고 하며 이 뇨, 보간, 소종 등에 효과가 있다. 요산 배출을 촉진시켜 통풍에도 효과가 있다.

채취시기

봄에 어린잎과 줄기를 채취하여 사용한다.

먹는방법

봄에 어린잎과 줄기를 삶아 나물로 먹거나 국을 끓여 먹는다.

폐결핵, 당뇨, 변비 등의 처방에 사용되는

맥문동

떡잎식물 백합목 백합과의 여러해살이풀이다.

생태

그늘진 곳에서도 잘 자라는데 그 때문에 아파트나 빌딩의 그늘진 정원에 많이 심어져 있다. 짧고 굵은 뿌리줄기에서 잎이 모여 나와서 포기를 형성하고, 흔히 뿌리 끝이 커져서 땅콩같이 된다.

효능

덩이뿌리는 한방에서 약재로 사용하는데 소염, 강장, 진해, 거담제 및 강심제로 이용한다. 맥문동은 봄과 가을경 땅속에서 줄기를 채취해 껍질을 벗기고 햇볕에 말린 것을 말한다. 이것은 한방에서 강장, 진해, 거담제, 강심제, 폐결핵, 당뇨, 변비 등의 처방에 사용된다. 이밖에 폐를 튼튼하게 하고 원기를 돋우며 겨울철 체력증진에 효과가 좋다.

채취시기

가을에서 이듬해 봄까지 채취한다.

먹는방법

한약재로 많이 사용하나 보통은 집에서 차로 끓여 먹는다.

해독작용이 강하고 중풍에도 효능이 있는

머위

쌍떡잎식물 초롱꽃목 국화과의 여러해살이풀이다.

생태
산록의 다소 습기가 있는 곳에서 잘 자란다. 굵은 땅속줄기가 옆으로 뻗으면서 끝에서 잎이 나온다.

효능
단백질, 지방, 당질, 섬유질, 회분, 칼슘, 철, 인 등이 골고루 함유되어 있는 영양채소이다. 이밖에 칼슘, 비타민A, C도 풍부하게 들어있다. 예부터 독까지 해독시킬 정도로 해독작용이 강하고 중풍에도 효능이 있고 꽃은 한방에서 건위, 진해, 해열 등에 효과가 있다.

채취시기
머위는 봄에 돋아나는 연한 잎을 수확하지만 머위 대를 수확하기도 한다. 그리고 이른 봄에 올라오는 꽃대에 매달린 봉오리를 이용해 사용하기도 한다.

먹는방법
잎자루는 산채로서 식용으로 하고, 꽃이삭은 식용 또는 진해제로 사용한다.

방광염, 당뇨, 고혈압 등에 좋은

메꽃

메꽃은 전국 각처의 들에서 자라는 덩굴성 다년생 초본이다.

생태

생육환경은 음지를 제외한 어느 환경에서도 자란다. 키는 50~100㎝이고, 잎은 긴 타원형으로 어긋나고 길이는 5~10㎝, 폭은 2~7㎝로 뾰족하다.

효능

동의보감에 꽃이 필 무렵 뿌리까지 채취해 햇볕에 말린 다음 물로 달여서 복용하면 이뇨, 강장, 피로회복, 항당뇨 등에 효과가 있고 방광염, 당뇨, 고혈압 등을 다스리는 약으로 쓰인다.

채취시기

어린잎을 채취하여 사용한다.

먹는방법

어린순과 뿌리는 식용 및 약용으로 쓰인다.

뿌리를 쪄서 먹거나 날로 생즙을 내어 먹으면 좋다.

멍든 피를 풀어주며 해독작용을 하는
며느리밑씻개

우리나라 각처의 산과 들에서 자라는 덩굴성 1년 초이다.

생태

생육환경은 햇볕이 좋은 곳이면 어디서든 자란다. 키는 약 1~2m 정도이
다. 잎은 어긋나고 양면에 털이 있으며 길이와 폭이 각각 4~8cm의 심장
형이고 줄기에는 갈고리와 같은 가시가 아래로 나 있다.

효능

멍든 피를 풀어주며 해독작용을 한다. 적용질환은 멍이 들어 통증이 있는
경우, 타박상, 습진, 온몸이 가려운 피부병, 진물이 흐르고 허는 태독 등이
며 치질이나 뱀과 벌레에 물린 상처의 치료에도 쓰인다.

채취시기

잎을 채취하여 사용한다. 약용으로는 여름에 채취하여 말려서 사용한다.

먹는방법

며느리밑씻개의 잎은 맛은 쌉싸래하고 시큼하다. 신맛이 나서 생잎으로
먹는 것도 좋고 어리고 부드러운 잎은 생으로 먹거나 생즙을 내어 마시기
도 한다. 비빔밥을 해서 먹어도 맛이 좋다.

약용법

말린 약재를 1회에 6~10g씩 200cc의 물로 천천히 반
정도의 양이 되게 달이거나 곱게 가루로 빻아 하루에
3회 복용한다.

당뇨에 효과가 있는

며느리배꼽

우리나라 각처의 길가나 집주변의 들에서 자라는 1년생 덩굴식물이다.

생태

키는 약 2m가량 덩굴로 뻗어나며, 잎은 심장형으로 표면은 녹색이고 뒷면은 흰빛이 돈다.

효능

적용질환은 당뇨병과 요독증, 소변이 잘 나오지 않는 증세, 황달, 백일해, 편도선염, 임파선염, 유선염 등이다.

채취시기

어린순을 채취하여 사용한다.

먹는방법

신맛과 향취가 있어 날 것을 그대로 먹거나 나물로 해서 먹는다.

잎자루와 잎 뒤에 가시가 있으므로 되도록 어린순을 따야 한다.

약용법

말린 약재를 1회에 3~6g씩 200cc의 물로 달여 하루 3회 복용하거나 생즙을 내어 마신다.

소종, 해독의 효능이 있는

멱쇠채

양지바른 풀밭에 난다.

생태

경기, 황해, 평남북에 나며 만주, 중국, 몽골, 시베리아, 유럽에 분포한다. 다년초로 근경은 비대하고 줄기는 곧추서며 기부에 묵은 잎의 섬유가 있고 높이 20~30cm이다. 근엽은 로제트형으로 퍼지며 선상 피침형으로 길이 12~35cm, 너비 5~30mm이고 끝은 뾰족하거나 둔하며 밑은 좁아져 엽병으로 흐르고 가장자리는 밋밋하며 밀모가 있으나 점차 없어진다.

효능

소종, 해독의 효능이 있다.

채취시기

어린순을 채취하여 사용한다. 약용으로는 여름과 가을에 채취하여 사용한다.

먹는방법

연한 화경을 생으로 먹고 어린순은 나물로 한다.

뿌리는 약용한다.

몸에 열이 많은 사람들의 열기를 내려주는

명아주

전국의 양지바르고 교란이 심한 곳, 밭, 길가, 초지 등에 자라는 한해살이풀이다.

생태

줄기는 높이 60-150cm이며, 가지가 갈라진다.

효능

몸에 열이 많은 사람들의 열기를 내려주고 소변을 잘 나게 하며, 설사, 이질 치료에도 좋다. 또한 피부 염증 및 가려움을 그치게 하는 데도 효능이 있다.

채취시기

어린순을 채취하여 사용한다.

먹는방법

명아주는 시금치 맛과 비슷하다.

명아주는 연한 잎과 줄기를 뜯어서 쌈으로 먹거나 나물로 해서 먹는다.

명아주는 콜레스테롤을 낮추고 장을 소독하므로 식이요법을 하는 사람에게 특히 좋다. 된장국에 넣어 먹어도 되고 초장에 버무려 먹어도 된다. 여름에 잎이 좀 드세어지면 끓는 물에 데쳐서 나물로 무쳐 먹는다. 가을에는 된장국에 끓여서 먹는다.

출혈에 뛰어난 효과를 나타내는

모시풀

많은 땅속줄기가 있으며 높이 1.5~2m로 곧게 자라는 줄기가 뭉쳐난다.

생태

잎은 어긋나고 길이 7.5~15cm, 나비 5~10cm로 달걀모양 원형이며 긴 잎자루가 있다. 잎 뒷면과 잎자루에 흰 잔털이 나 있다.

효능

저마근은 지혈작용이 매우 우수하며 각종 출혈에 뛰어난 효과를 나타낸다. 혈뇨와 소변이 불능할 때 이뇨 소염작용을 한다. 만성 기관지염일 때 거담작용을 한다. 임산부의 태동 불안 일 때 태아를 안정시키는 약으로 쓰며 하혈을 다스린다.

채취시기

봄에 어린잎을 순을 채취하여 사용한다.

먹는방법

잎은 어린 순을 나물로 먹어도 되고 가을에 연한 잎을 따서 모시풀 잎을 말린 뒤 가루 내어 떡이나 칼국수를 해먹거나 양념 등에 활용해도 좋다.

혈액순환 촉진과 해독작용을 하는

무릇

우리나라 각처의 들이나 산에서 자라는 다년생 초본이다.

생태

생육환경은 양지바른 곳이면 어디서든지 자란다. 키는 20~50cm이고, 잎은 선처럼 가늘고 길며 여러 장의 잎이 밑동에서 나온다. 잎끝은 날카로우며 길이는 15~30cm, 폭은 0.4~0.6cm이다.

효능

혈액순환 촉진, 부기 및 통증을 멎게 하는 효과와 해독작용을 한다. 화농성 유선염, 충수염 타박상, 허리와 다리의 통증에도 효과가 있다.

채취시기

어린순을 채취하여 사용한다.

먹는방법

비타민이 많이 들어 있어 잎을 데쳐서 무치거나 비늘줄기를 간장에 조려서 반찬으로 먹는다.

비늘줄기를 고아서 엿으로 먹기도 했다.

뿌리를 구충제로 사용한다.

지혈작용 및 해독작용을 하는

물레나물

물레나물은 우리나라 각처의 산지에서 자라는 다년생 초본이다.

생태

생육특성은 반그늘이나 햇볕이 잘 들어오는 곳의 물기가 많은 곳에서 자란다. 키는 50~80㎝이며, 잎은 대생(마주나기)하며 피침형인데 밑동으로 줄기를 감싸고 있고, 잎의 길이는 5~10㎝, 폭은 1~2㎝이다. 꽃은 황색 바탕에 붉은빛이 돌고 줄기의 끝에서 한 송이씩 계속해서 피며 지름은 4~6㎝이다.

효능

몸의 열기를 줄이고, 부기를 가라앉히며, 지혈작용 및 해독작용을 한다. 그래서 타박상, 토혈, 자궁출혈, 외상출혈, 두통, 피부의 염증과 종기, 부스럼에도 사용한다.

채취시기

어린순을 채취하여 사용한다.

먹는방법

어린잎은 나물로 식용한다.

뿌리, 잎, 종자를 약용한다. 관상용으로 심는다.

청열, 이습에 효능이 있는

물여뀌

못이나 습지에서 자란다.

생태

줄기 밑 부분은 물속에서 자라고 옆으로 기면서 뿌리가 내리며, 물위에 나온 줄기는 곧게 서고 잎이 많이 달린다. 잎은 어긋나고 길이 5~15cm의 긴 타원 모양이며 끝이 둔하거나 둥글고 밑 부분은 얕은 심장 모양이며 가장자리가 밋밋하다. 물속의 잎자루는 길고, 물위로 나온 잎자루는 짧다. 턱잎은 칼집 모양이고 막질(얇은 종이처럼 반투명한 것)이며 가운데 부분까지 잎자루 밑 부분이 붙는다.

효능

청열, 이습에 효능이 있다.

채취시기

어린순을 채취하여 사용한다. 여름 가을에 채취하여 말려 약용으로 사용한다.

먹는방법

어린잎은 나물로 먹고,
전초는 약용한다.

해열, 진통, 소종 등에 사용되는

미나리아재비

미나리아재비과에 속하는 여러해살이풀이다.

생태

50㎝정도 자라고 줄기는 별모양의 털들이 나 있다. 뿌리에서 잎이 모여 나고 잎자루가 길며 5갈래로 갈라졌다. 하지만 줄기에서 나온 잎은 잎자루 가 없고 3갈래로 나누어져 있으며 갈라진 조각들이 끈처럼 생겼다.

효능

말린 것은 해열, 진통, 소종 등의 생약으로 사용된다. 하지만 독성이 있어 서 봄에 어린순을 채취해 삶은 다음 독을 제거해 나물로 먹는다.

채취시기

어린순을 채취하여 사용한다.

먹는 방법

독성이 있어서 봄에 어린순을 채취해 삶은 다음 오래동안 우려서 독을 제 거해 나물로 먹는다.

효과와 알코올 해독 능력이 탁월한

미나리

산형과에 속하는 여러해살이풀이다.

생태

키가 30cm 정도이고 줄기 밑에서 많은 가지가 나온다. 잎은 깃털처럼 갈라진 겹잎으로 어긋나고, 잔잎은 난형으로 톱니가 있다.

효능

특히 돌미나리 즙은 간장을 건강하게 해주는 성분이 함유되어 있다. 『동의보감』에도 간장, 이뇨, 해열 등에 효능이 뛰어나다고 적혀있다. 더구나 미나리나 돌미나리에는 비타민A, B1, B2, C, 카로틴 등의 식물성섬유가 다량으로 들어있고 단백질, 철분, 칼슘, 인 등의 영양분이 풍부한 알칼리성 식품이다. 따라서 항암효과와 항바이러스성과 알코올 해독 능력이 탁월하고 혈액과 정신을 맑게 하며 기관지와 호흡기질환예장에 좋다.

채취시기

봄부터 여름에 줄기 포함해서 채취하여 사용한다.

먹는방법

잎과 줄기는 식용하며, 습지 수질정화용으로 심는다. 또한 매운탕을 끓일 때 비린내를 제거하는데, 복매운탕이 좋은 예가 된다.

돌미나리는 향이 짙기 때문에 데쳐 나물로 먹으면 좋다.

감기 열, 기관지염, 늑막염에 좋은

민들레

국화과의 여러해살이풀이다.

생태

잎이 갈라졌고 줄기는 뿌리에서 나와 땅 위를 따라 옆으로 퍼지면서 자란다. 노란색 꽃은 4~5월경 두상꽃차례로 피고 잎 사이의 꽃줄기는 길이가 30㎝정도다. 열매는 납작한 수과로 흰색 갓털이 있기 때문에 바람이 불면 쉽게 날아간다. 민들레는 우리나라 각처의 산과 들에 흔히 자라는 다년생 초본이다. 서양민들레와의 차이는 꽃받침에서 알 수 있는데 우리나라의 자생 민들레는 꽃받침이 그대로 있지만 서양민들레의 경우는 아래로 쳐져 있다. 이것이 가장 구분하기 쉬운 방법이다.

효능

동의보감에 꽃피고 있을 때 채취해 말린 약재를 달여서 복용하면 감기 열, 기관지염, 늑막염, 간염, 담낭염, 소화불량, 변비, 유방염 등을 비롯해 해열, 건위, 발한, 정혈, 이뇨, 소염 등에 효능이 있다.

채취시기

봄에 어린잎을 채취하여 사용한다. 뿌리를 위해서는 늦가을이 적당하다.

먹는방법

어린잎은 식용,
뿌리를 포함한 전초는 약용으로 쓰인다.

간염 및 간질환, 위산과다 및 위장질환에 좋은
서양민들레

서양민들레는 유럽이 원산으로 우리나라 각처의 들과 풀숲에서 자란다.

생태

생육환경은 길가나 들판 양지바른 곳이면 어디서나 자란다. 키는 10~25
cm이고, 잎은 밑부분이 좁고 양면에 털이 없으며 가장자리가 밑을 향해 새
의 날개처럼 갈라지고 타원형으로 땅에서 여러 군데로 퍼진다.

효능

간염 및 간질환, 위산과다 및 위장질환, 유선염, 및 염증성 질환, 해열작용
과 변비 위장에 아주 좋으며, 소염, 이뇨 작용이 있다. 또 식도가 좁아 음식
을 잘 먹지 못할 때, 젖이 잘 나오지 않을 때 효과가 있다.

채취시기

봄에서 초여름 사이에 잎을 채취하여 사용한다.

먹는방법

민들레 생잎을 깨끗하게 씻어서 쌈으로 먹을 수 있고,
뿌리는 그늘에 건조시켜 달여 먹으면 좋다. 유럽에서는 잎을 샐러드로 먹
고, 뉴질랜드에서는 뿌리를 커피 대용으로 사용하기도 한다.

해열, 이뇨, 건위 등의 효능이 있는

흰민들레

양지에서 자란다.

생태
원줄기가 없고 굵은 뿌리에서 잎이 무더기로 나와서 비스듬히 퍼진다. 잎은 거꾸로 선 바소 모양이고 밑이 좁아지며 양쪽가장자리는 무잎처럼 갈라진다. 갈래조각은 5~6쌍이며 가장자리에 톱니가 있다. 민들레와 비슷하지만 꽃이 백색이고 잎이 서는 것이 많으므로 구별된다.

효능
해열, 이뇨, 건위, 소염, 최유(젖의 분비를 도와줌) 등의 효능이 있다. 적용 질환은 감기, 기관지염, 인후염, 임파선염, 늑막염, 소화불량, 변비, 유선염, 소변이 잘 나오지 않는 증세 등이다.

채취시기
꽃이 피기 전에 어린순을 캐어 사용한다.

먹는방법
꽃이 피기 전에 어린순을 캐어 나물로 하거나 국에 넣어 먹는다.
흰 즙으로 인해 쓴맛이 강하므로 데쳐서 찬물에 오래 담가 충분히 우려낸 다음 조리를 해야 한다.

감기, 기침, 천식 등에 효과가 있는

바디나물(연삼)

산과 들의 습지 근처에서 자란다.

생태

뿌리줄기는 짧고 뿌리가 굵다. 줄기는 곧게 서고 모가 진 세로줄이 있으며 윗부분에서 가지가 갈라지고 높이가 80~150cm이다. 잎은 어긋나고 깃꼴로 갈라지며 작은잎은 3~5개이다. 작은잎은 3~5개로 깊게 또는 완전히 갈라지고 밑 부분이 밑으로 흘러 날개 모양이 되며 가장자리에 톱니가 있다.

효능

한방에서 뿌리를 전호라는 약재로 쓰는데, 해열, 진해, 거담 작용을 하여 감기, 기침, 천식 등에 효과가 있다.

채취시기

이른 봄에 순을 채취하고 뿌리는 가을부터 겨울철에 채취한다.

먹는방법

잎은 나물과 쌈, 장아찌로 만들어 먹고, 뿌리와 전초는 말려서 다리거나 말려서 담금주로 먹는다.

음용법

연삼은 건조를 하여 물 2ℓ 에 연삼 30g 정도를 넣고 처음에는 샌 불에 놓고 물이 끓어오르기 시작을 하면 약한 불에 30~40분정도 달여서 냉장 보관하여 음용하면 좋다

박이 열을 내리고 갈증을 해소하는

박

참조롱박, 박덩굴, 포과라고도 한다.

생태
길이는 10cm 정도로 푸른빛을 띤 초록색이다. 전체에 짧은 털이 있으며 줄기의 생장이 왕성하고 각 마디에서 많은 곁가지가 나온다. 잎은 어긋나고 심장형이나 얕게 갈라지며 나비와 길이가 20~30cm이고, 잎자루가 있다.

효능
어린열매는 성장발육, 산후회복 (식물성 칼슘이 풍부해 발육이 늦는 어린이나 아이를 낳은 부인들에게 좋은 영양식품으로 쓰인다.) 동의보감에서는 박이 열을 내리고 갈증을 해소한다고 하였으며 칼슘, 철, 인 등이 골고루 함유되어 있어 임산부, 노약자, 어린이에게 좋은 식품으로 알려져 있다.

채취시기
7월~8월에 열매를 채취하여 사용한다.

먹는방법
어린 열매는 나물, 전 등의 음식으로 만들어 먹고 늙은 열매는 과육을 떡, 범벅, 죽 등으로 만들어 먹는다.
지역에 따라서는 호박잎을 쪄서 쌈을 싸서 먹기도 하며 씨를 먹기도 한다.
여물지 않은 박의 과육을 긴 끈처럼 오려서 말린 반찬거리로 박오가리라고도 한다.

해열, 해독, 건위 등의 효능이 있는
방가지똥

생태

원주형의 줄기는 높이 30~100cm 정도로 자라며 속이 비어있다. 세로로 능선이 있으며 어릴 때는 흰색의 가루로 덮여있다. 잎자루에 날개가 있고 잎이나 줄기를 자르면 하얀 액이 나온다.

효능 : 해열, 해독, 건위 등의 효능을 가지고 있다. 적용질환으로는 소화불량, 이질, 어린아이의 빈혈증 등이다. 기타 뱀에 물렸을 때나 종기의 치료에도 쓰인다.

채취시기

늦가을 또는 이른 봄에 어린 싹을 채취하여 사용한다. 약용으로 사용할 때는 여름에서 가을 사이에 채취하여 말려서 사용한다.

먹는 방법

어린순은 나물로 먹고 전초와 뿌리 말린 것을 약용한다.

어린 순은 쌈으로 먹고 좀 더 세어지면 데친 후 무쳐서 먹는다. 변이 나오지 않을 때 방가지똥을 녹즙으로 해서 먹거나 쌈으로 해서 먹으면 변이 나온다. 늦가을 또는 이른봄에 어린 싹을 나물로 하거나 국에 넣어 먹는다. 맛이 쓴 성분을 지니고 있으므로 데쳐서 흐르는 물에 오래동안 담가 우려낸 후 조리를 해야 한다.

소화불량, 식욕부진, 복통치료제로 사용되는

방아풀

방아풀은 우리나라 각처의 산과 들에 나는 다년생 초본이다.

생태

생육환경은 약간 건조하고 양지 혹은 반그늘에서 자란다. 키는 50~100㎝
이고, 잎은 마주 나는데 길이가 6~15㎝, 폭이 3.5~7㎝로 넓은 달걀 모양
이고 끝이 뾰족하다. 잎의 표면은 녹색이며 뒷면은 연한 녹색이고 잔털이
있으며 가장자리에 톱니가 있다. 꽃은 연한 자주색이며 길이는 약
0.5~0.7㎝이고 잎겨드랑이와 원줄기 끝에서 마주난다. 열매는 10월경에
타원형으로 달린다. 어린순은 식용, 다 자란 것은 약용으로 쓰인다.

효능

식물 전체를 가을에 채취해 그늘에 말린 것을 연명초라 하는데 한방에서
소화불량, 식욕부진, 복통치료제로 사용된다. 잎에서 박하향이 나기 때문
에 향료로 쓰이거나 박하사탕제조에 사용된다. 『동의보감』에 '꽃을 포함한
줄기, 잎 말린 것을 가루로 빻아 복용하면 건위, 진통, 해독, 소종 등에 효
능이 있으며, 생풀의 즙은 뱀이나 벌레물린데 환부에 바르
면 좋다.

채취시기

연한 잎을 채취하여 사용한다.

먹는방법

어린잎은 나물이나 식용하고, 전초는 약용한다.

소화불량, 위염, 신경과민증에 좋은
벋음씀바귀

낮은 지대의 양지바른 곳에 흔하게 자라는 여러해살이풀이다.

생태

기는줄기가 사방으로 퍼지며, 마디에서 뿌리가 내린다. 뿌리잎은 도피침형 또는 주걱상 타원형이다.

효능

건위, 신경안정, 소염 등의 효능이 있다. 적용질환은 소화불량, 위염, 신경과민증, 안질, 외이염 등이다.

채취시기

이른 봄에 어린 싹을 뿌리와 함께 캐어 사용한다.

먹는방법

이른봄에 어린 싹을 뿌리와 함께 캐어서 나물로 해서 먹는다 또는 국거리로 해먹어도 맛이 좋다.

쓴맛이 나서 여러 차례 물을 갈아가면서 잘 우려낸 다음 조리한다. 뿌리만 따로 무쳐 먹어도 좋다.

약용법

안질은 약재를 달인 물로 닦아내고, 외이염에는 잎이나 줄기에서 스며 나오는 흰 즙을 환부에 발라준다.

두통, 식중독, 구토, 복통, 설사, 소화불량에 좋은

배초향

양지쪽 자갈밭에서 자란다.

생태
높이 40~100cm이다. 줄기는 곧게 서고 윗부분에서 가지가 갈라지며 네모진다. 잎은 마주나고 달걀 모양이며 길이 5~10cm, 나비 3~7cm이다. 끝이 뾰족하고 밑은 둥글며 길이 1~4cm의 긴 잎자루가 있다.

효능
소화, 건위, 지사, 지토, 진통, 구풍 등의 효능이 있다. 적용질환은 감기, 두통, 식중독, 구토, 복통, 설사, 소화불량 등이다.

채취시기
봄에 어린순을 채취하여 사용한다.

먹는방법
봄철에 어린순을 나물로 해 먹는다.

향기로운 냄새를 짙게 풍기면서 약간 쓴맛을 지니고 있다. 입맛을 돋우는 향을 지니고 있다.

약용법
약재를 1회에 2~6g씩 200cc의 물로 뭉근하게 달이거나 가루로 하루 3회 복용한다.

기침, 천식, 비염에 특효인
배암차즈기(곰보배추)

중국에서 들어온 한해살이풀이다. 잎은 자소엽이라 또는 자소라 하고 씨를 소자라 한다.

생태

몸 전체가 짙은 보랏빛을 띠며 좋은 냄새를 풍기고 있다. 줄기는 모가 져 있고 곧게 가지를 치면서 70~80cm 정도의 높이로 자란다. 잎은 마디마다 2장이 마주 자리하는데 넓은 계란 모양으로 생겼다.

효능 : 잎은 꽃이 필 무렵에 채취하여 그늘에 말려 잘게 썬다. 씨는 가을에 털어 볕에 말려 그대로 쓴다. 적용질환으로는 감기, 오한, 기침, 구토, 소화불량, 생선에 의한 중독, 태동불안 등이다. 씨는 거담의 효능이 있고 폐와 장에 이로운 작용을 하는데 기침, 천식, 호흡곤란, 변비 등에 쓰인다.

채취시기: 이른 봄에 채취하여 사용한다.

먹는방법

차즈기의 떡잎은 향신료로 생선회에 곁들인다.

덜 익은 열매와 연한 잎은 소금에 절여 저장식품으로 사용하기도 한다. 어린잎을 나물로 먹으면 독특한 향미가 있고 김치로 담가 먹기도 한다.

약용법

기침, 가래에 특효가 있다. 잎은 1회에 3~5g씩 달여서 복용하고, 씨는 1회에 2~4g을 달이거나 가루로 빻아 복용한다.

관절염, 임파선염에 좋은

뱀무

산과 들에서 자란다.

생태

높이 25~100cm이다. 전체에 털이 난다. 뿌리에 달린 잎은 잎자루가 길고 깃꼴로 갈라지며, 옆의 작은잎은 1~2쌍이고 작으며 작은잎 같은 부속체가 있다.

효능 : 강장, 진경, 이뇨, 거풍, 활혈, 소염 등의 효능이 있다. 적용질환은 관절염, 임파선염, 허리와 다리의 마비 및 통증, 자궁염, 대하증, 월경이 멈추지 않는 증세, 악성종기 등이다.

채취시기

봄에 어린 순을 채취하여 사용한다. 약용으로 사용할 때는 여름부터 가을 사이에 채취하여 그늘에서 말려 사용한다.

먹는방법

봄에 어린 싹을 나물로 먹는다.

뿌리는 생것을 그대로 된장이나 고추장에 박아 장아찌로 해서 먹기도 한다.

약용법

약용으로는 약재를 1회에 2~5g씩 200cc의 물로 달이거나 생즙을 내어 하루 3회 복용한다. 생즙을 내는 생풀의 양은 15~35g이다.

해열, 해독, 소종의 효능이 있는

벼룩나물

개미바늘이라고도 한다.

생태

논둑이나 밭에서 흔히 자란다. 높이 15~25cm로 털이 없고 밑에서 가지
가 많이 갈라져서 퍼지기 때문에 커다란 포기로 자란 것처럼 보인다.

효능

해열, 해독, 소종의 효능을 가지고 있다. 적용질환으로는 감기, 간염, 타박
상, 치루(치질의 한 종류), 피부의 땀구멍이나 기름구멍으로 화농균이 침입함
으로써 생겨나는 부스럼 등이다. 그밖에 뱀이나 벌레에 물린 상처의 치료
에도 쓰인다.

채취시기

어린순을 채취하여 사용한다. 약용으로 사용할 때는 꽃이 피고 있을 때에
채취하여 그늘에서 말려 사용하고 병에 따라서 생풀을 쓰기도
한다.

먹는방법

어린순을 캐어 나물로 하거나 국에 넣어 먹는다.

부드럽고 담백한 맛이 난다.

약용법

말린 약재를 1회에 10~20g씩, 적당한 양의 물로 달여
서 복용한다.

위장염과 위궤양, 위암, 자궁암에 좋은

번행초

바닷가에서 자라며 재배도 한다.

생태

높이 40~60cm이다. 털은 없으나 사마귀 같은 돌기가 있으며 밑에서 가지가 많이 갈라져 비스듬히 서거나 옆으로 뻗는다.

효능

해열, 해독, 소종의 효능이 있다. 위장염과 위궤양, 위암, 자궁암, 피부의 땀구멍이나 기름구멍으로 화농균이 침입하여 생기는 부스럼 등을 치료하는 데 쓰인다.

채취시기

어린순을 채취하여 사용한다. 약용으로 사용할 경우 여름부터 가을 사이에 채취하여 말려서 사용한다.

먹는방법

1년 내내 어린순을 뜯어다가 나물이나 국거리로 사용할 수가 있다. 국거리는 생것을 그대로 사용해도 좋고 기름에 볶아 나물로 먹기도 한다. 가볍게 데쳐 나물로 하거나 국에 넣어 항상 먹으면 변비를 막아주고 강장효과도 있다.

약용법

말린 약재를 1회에 10~20g씩 적당한 양의 물로 달여서 하루 3회 복용하거나 생즙을 내어 마신다.

명목, 해독의 효능이 있는

벼룩이자리

경작지와 길가에서 흔히 자란다.

생태

밑에서부터 가지가 많이 갈라지고 밑으로 향한 털이 있으며 밑에서 갈라진 가지는 옆으로 벋어서 땅에 닿는다. 잎은 나비 1~5mm 정도로 마주나고 잎자루가 없으며 달걀 모양 또는 넓은 타원형이다.

효능

전초를 소무심채라 하며 약용한다. 명목, 해독의 효능이 있다. 치은염, 급성결막염 맥립종, 인후통을 치료한다.

채취시기

어린 순을 채취하여 사용한다.

먹는방법

이른 봄에 어린 싹을 캐어 가볍게 데쳐서 나물로 무쳐 먹거나 국거리로 한다.

벼룩나물과 흡사한 맛을 가지고 있다.

약용법

15-30g을 달여서 복용한다.

이뇨제, 해열, 지혈제로 쓰이는

샤데풀 (거채)

생태

높이 30~100cm 정도로 곧게 자라는 줄기는 가지가 성글게 갈라지고 전
체에 유백색즙이 있다. 어긋나게 달리는 잎은 잎자루가 없고 장타원형으로
끝이 둔하며 기부가 좁아져 줄기를 감싼다.

효능

이뇨제, 해열, 지혈제로 쓰인다.

채취시기

어린순 이른 봄에 채취하여 사용한다. 전초는 꽃피기 전에 채취한다.

먹는방법

어린잎는 식용한다.

이름 봄에 갓 자라나는 어린 싹을 캐어 나물로 무쳐먹는다, 몸집속에 떫은
맛이 나는 흰 즙을 가지고 있어 데쳐서 3~4시간 우려낸 다음 조리해야 한
다.

약용법

전초는 뿌리째로 파서 깨끗이 씻고 햇볕에 말려 사용한다.

단백질, 칼슘, 철 같은 미네랄이 풍부하게 들어 있는

별꽃

전국의 밭이나 길가에 흔하게 자라는 두해살이 잡초다. 전 세계에 분포하는 잡초다.

생태

줄기는 밑에서 가지가 많이 갈라지며, 길이 10-20cm로 밑부분이 눕는다. 잎은 마주나며 달걀 모양이다. 꽃은 3-4월에 가지 끝 취산꽃차례에 피며, 흰색이다.

효능

별꽃에는 특히 약성이 풍부하다. 단백질, 칼슘, 철 같은 미네랄이 풍부하게 들어 있고 영양도 높다. 특히 위장을 튼튼하게 하고 혈액을 깨끗하게 하며 젖을 잘 나오게 한다. 또 잇몸병이나 충치, 맹장염, 장염, 장궤양 등 많은 염증을 치료하기도 한다.

채취시기

어린순을 채취하여 사용한다.

먹는방법

봄에는 별꽃을 채취하여 나물이나 반찬으로 먹고 나머지는 엑기스를 만들어 쓴다.

엑기스는 장을 튼튼하게 하고 장에 필요한 균을 길러주어 비타민 B의 흡수를 돕는다. 옛날부터 맹장염의 특효약이라 할 만큼 장염, 장궤양 등에 효과가 뛰어나다.

각종 비타민과 칼슘을 함유하고 있는

비름 (비듬나물, 새비름)

현채, 비듬나물, 새비름이라고도 한다.

생태

길가나 밭에서 자란다. 인도 원산으로 높이 1m 정도이고 굵은 가지가 뻗는다. 잎은 어긋나고 삼각형 또는 사각형의 넓은 달걀 모양으로 가장자리가 밋밋하다.

효능

해열, 해독, 소종의 효능을 가지고 있어 감기, 지혈과 배앓이 등에 쓰이고 각종 비타민과 칼슘을 함유하고 있어 장수나물이라고 불린다.

채취시기

어린순을 채취하여 사용한다.

먹는방법

맛이 담백하며 시금맛과 비슷하다. 어린순을 나물로 하거나 국에 넣어 먹는다. 꾸준히 먹으면 변비를 고칠 수 있고 안질에 좋은 결과를 얻을 수 있다.

약용법

말린 약재를 1회에 4~10g씩 적당한 물로 뭉근히 달여서 하루 3회 복용한다. 안질은 약재를 연하게 달인 물로 닦아낸다. 치질, 종기, 뱀이나 벌레에 물린 상처에는 생잎을 짓찧어서 환부에 붙인다.

해열, 진통, 해독 등의 효능이 있는

뽀리뱅이

두해살이풀이지만 경우에 따라서는 한해살이가 될 때도 있다.

생태

줄기는 곧게 서서 20~100cm의 높이에 이르며 질이 연하고 가지는 거의
치지 않는다. 온몸에 잔털이 돋아나 있다. 줄기에 약간의 잎이 생겨나고 대
부분의 잎은 땅거죽에 둥글게 배열된다.

효능

해열, 진통, 해독 등의 효능이 있다. 적용질환은 감기로 인한 열, 편도선
염, 인후염, 관절염, 요도염, 유선염 등이다. 그밖에 종기의 치료에도 쓰인
다.

채취시기

꽃이 피기 전에 채취를 하는 것이 좋다. 약용으로 사용할 때는 봄부터 가
을 사이에 채취하여 말려서 사용한다.

먹는방법

뽀리뱅이를 데쳐서 된장에 무치면 나물로 먹으면 쌉쌀
하고 맛있다.

연한 잎을 채취하여 된장국으로 해서 먹어도 좋다. 김
치나 장아찌를 담가 먹어도 좋다. 잎만 데쳐 말리거나
뿌리째 소금물에 데쳐 묵나물로 말려서 놓으면 1년 내
내 먹을 수 있다.

남성의 양기를 돕고 여성의 음기를 돕는

사상자

뱀도랏이라고도 한다.

생태

풀밭에서 자란다. 높이 30~70cm이다. 전체에 눈털이 나며 줄기는 곧게
선다. 잎은 어긋나고 3장의 작은잎이 나온 잎이 2회 깃꼴로 갈라지며 길이
5~10cm이다.

효능

여성의 자궁을 따뜻하게 하고 남성의 성기를 강하게 한다. 오랫동안 복용
하면 얼굴색이 좋아지고 자식을 낳을 수 있게 한다. 남성의 양기를 돕고 여
성의 음기를 돕는다.

채취시기

이른 봄에 어린 싹을 뿌리와 함께 채취하여 사용한다.

먹는방법

이른 봄에 어린 싹을 뿌리와 함께 나물로 해 먹는다.

쓴맛이 강하므로 데쳐서 오래 우려내야 한다.

약용법

약용으로는 말린 열매를 1회에 2~4g씩 200cc의 물
로 뭉근하게 달여서 하루 3회 복용한다. 음부나 피부
의 가려움증, 습진 등에는 약재를 달인 물로 환부를
세척하거나 가루로 빻아 뿌린다.

해열, 이뇨, 발한, 진통에 좋은

사철쑥

애탕쑥이라고도 한다.

생태

냇가의 모래땅에서 흔히 자란다. 높이 30~100cm이다. 밑부분은 목질이
발달하여 나무같이 되고 가지가 많이 갈라진다.

효능

해열, 이뇨, 발한, 진통, 정혈 등의 효능을 가지고 있다. 적용질환은 황달,
요독증, 각종 급성열병, 간염, 담낭염, 담석증 등이다. 또한 두통이나 입안
이 허는 증세에도 효과가 있다.

채취시기

어린풀을 채취하여 사용한다. 늦은 봄부터 초여름 사이에 채취하여 그늘
에 말려서 사용한다.

먹는방법

쓴맛이 있으므로 데쳐서 오래도록 우려내어 사용한다. 봄에 어린 풀을 뜯
어다가 나물로 해서 먹는다. 쓴맛을 우려낸 것을 잘게 썰어 쌀과 섞어서 쑥
떡을 만들어 먹기도 한다.

약용법

말린 약재를 1회에 4~8g씩 200cc의 물로 반 정도의 양이 되도록 천천
히 달여서 하루 3회 복용한다. 입안이 허는 증세에는 같은 방법으로 달
인 물로 하루에 여러 차례 양치질한다.

해독하는 효능이 있는

산비장이

여러해살이풀이다.

생태

전국의 산과 들에 자라는 본 분류군의 꽃은 8-10월에 피며 열매는 11월에
맺는다. 뿌리줄기는 나무질이다. 줄기는 곧추서며, 위쪽에서 가지가 갈라
지고, 높이 30-150cm다. 잎은 어긋난다. 줄기 아래쪽과 가운데 잎은 잎자
루가 있고, 난상 타원형, 깃꼴로 완전히 갈라진다.

효능

천연두의 발진을 잘 돋아나게 하고, 생리통과 치질에 약효가 있으며, 해독
하는 효능이 있다.

채취시기

봄에 어린 싹을 채취하여 사용한다.

먹는방법

약간 쓰고 떫은맛이 나기 때문에 데쳐서 찬물에 반나절 가량 담갔다가 사
용한다.

봄에 어린 싹을 나물로 해먹는다.

국에 넣어 먹기도 하며 유럽과 일본에서는 명주헝겊을 물들이는데도 쓰인
다.

소종, 해독의 효능이 있는
소귀나물

생태

뿌리줄기는 짧고 수염뿌리가 사방으로 자라며 땅속줄기는 옆으로 뻗으며 끝에 덩이줄기가 달린다. 비늘조각으로 둘러 싸여 있으며 눈이 나온다. 줄기는 곧게 서며 한데 뭉쳐서 나며 높이 50~70cm 정도 자란다. 잎은 줄기 끝에 하나씩 화살모양으로 달리며 아랫부분의 잎은 두갈래로 갈라진다. 가장자리는 밋밋하다.

효능

자고는 행혈통림의 효능이 있으면 산후의 혈민, 태의불하, 임병, 해수담혈을 치료한다. 자고화는 명목, 거습의 효능이 있으며, 정종, 치루를 다스린다. 자고엽은 소종, 해독의 효능이 있다.

채취시기

여름에서 가을에 채취하여 사용한다.

먹는방법

달여서 또는 짓찧어서 즙으로 복용한다.

덩이줄기는 식용한다.

기관지염, 폐병을 치료하는 데 쓰는

석잠풀(초석잠)

석잠풀은 우리나라 전역에서 자라는 숙근성 다년생 초본이다.

생태

생육환경은 양지바르고 물 빠짐이 좋은 곳에서 자란다. 키는 30~60cm이고, 잎은 길이가 4~8cm, 폭이 1~2.5cm, 잎자루 길이가 0.5~1.5cm이고 마주나며 피침형으로 끝은 뾰족하다. 꽃은꽃은 6-8월에 핀다.

효능

온몸에 땀이 나게 하고 호흡을 조절해주며 지혈과 종기를 가시게 하는 효능이 있다. 적용질환은 감기를 비롯하여 두통, 인후염, 기관지염, 폐병을 치료하는 데 쓴다. 종기가 났을 때에도 치료약으로 사용한다.

채취시기

어린풀을 채취하여 사용한다. 꽃이 피고 있을 때에 채취하여 그대로 말려서 사용한다.

먹는방법

전초를 석잠풀이라하고 뿌리를 초석잠이라 한다. 초석잠을 이용해 먹는다.

약용법

내과 질환에 대해서는 1회에 말린 것 3~6g을 200cc의 물로 달여 하루 3회 복용한다. 하루 용량은 10~20g이다.

해독제로서 약용에 쓰이는
섬초롱꽃

흰색 바탕은 흰섬초롱꽃, 꽃이 짙은 자줏빛인 것을 자주섬초롱꽃이라고 한다.

생태
바닷가 풀밭에서 자란다. 줄기는 곧게 서며 높이 30~90cm이다. 흔히 자줏빛이 돌고 능선이 있으며 비교적 털이 적다. 뿌리잎은 잎자루가 길고 달걀모양의 심장형이며 가장자리에 톱니가 있다.

효능
한방에서는 천식, 보익, 경풍, 한열, 폐보호, 편도선염, 인후염 등에 효과가 있다고해요. 잎은 채소로 주로 이용하지만 뿌리는 거담, 해독제로서 약용에 쓰이며. 종기와 벌레 물린데, 뱀 물린 데 해독작용이 있다.

채취시기
봄과 초여름에 연한 잎과 줄기를 채취하여 사용한다. 뿌리도 식용으로 사용한다.

먹는방법
어린잎과 줄기를 생으로 무쳐 먹는다. 연한 잎과 줄기를 따서 쌈채로 이용하고, 생잎은 무침나물이나 튀김에 이용된다. 데쳐서 나물로도 먹는다.

연한 잎과 잎자루, 뿌리를 먹는데 맛이 순하고 담백하여 쌈이나 샐러드로 먹는다.뿌리는 육질이어서 쌉쌀하여 도라지나 더덕처럼 무침, 구이, 볶음요리에 이용된다.

암 예방에 탁월한 효능이 있는

소리쟁이

습지 근처에서 자란다.

생태
높이 30~80 cm이다. 줄기가 곧게 서고 세로에 줄이 많으며 녹색 바탕에 흔히 자줏빛이 돌며, 뿌리가 비대해진다.

효능
위나 장에 생길 수 있는 염증을 완화시켜주어 위염을 예방해주며 위암이나 대장암 등과 같은 암 예방에 탁월한 효능을 지녔다 이외에도 해열작용과 신장기능 염증 만성기침, 가래 개선 및 지혈작용과 상처치료에 좋다.

채취시기
2월달~3월쯤에 어린잎을 채취하여 사용한다.

먹는방법
소리쟁이 된장국은 근대, 시금치, 시래깃국보다 더 맛있다. 미끈한 진액이 국을 끓이면 더없이 미역과 같이 부드러운 건더기가 된다.

소리쟁이는 항균제로 이용되는 만큼 국만 먹어도 효과를 볼 수 있지만 뿌리도 좋다. 캐어보면 6년생 인삼 뿌리보다 크고 냄새도 인삼과 흡사하다.

약용법
장위에 열이 쌓여 변비에 햇빛에 말려 겉껍질을 버리고 가루낸 것을 한번에 12g씩 하루 3번 미음에 타서 먹는다.

혈압 강하의 효능이 있는

솔장다리

바닷가에 자라는 한해살이풀이다.

생태

꽃은 7-9월에 피고 열매는 8-9월에 익는다. 줄기는 높이 50-80cm로 곧게 서며 밑에서 가지가 많이 갈라진다. 잎은 어긋나며 육질이고 끝은 가시처럼 뾰족하다. 꽃은 7-9월에 피며, 줄기와 가지 끝에서 이삭꽃차례를 이룬다.

효능

열매가 달린 전초를 저모채라 하며, 혈압 강하의 효능이 있고, 고혈압과 두통을 치료한다. 물 추출물을 개, 토끼의 정맥에 주사하면 혈압 강하 작용이 있고, 중추 신경계에 대한 실험에서 양성 조건반사에 대하여 억제 작용이 있다.

채취시기

어린 순을 채취하여 사용한다.

먹는방법

열매가 달린 전초는 약용하며, 어린 순은 나물로 한다.

해독, 거풍습 효능이 있는

솜나물

솜나물은 우리나라 각처의 산과 들에서 자라는 다년생 초본이다.

생태

생육환경은 토양 비옥도에 상관없이 양지바른 곳에서 자란다.

효능

해독, 거풍습 효능이 있어 폐에 생긴 여러 가지 열증으로 기침이 나는 증상, 습열사리(습열로 인한 이질), 열림(열로 생긴 염증, 심폐에 열이 잠복해 그 화원을 자양하지 못해 일어남)에 좋다. 이외에도 급성비뇨기계, 감염증 탕상, 외상출혈, 풍습관절통 등을 치료한다.

채취시기

어린순을 채취하여 사용한다.

먹는방법

어린 싹을 캐어 나물로 조리해먹는다.

떫은맛이 있어서 오래도록 우려내어 사용한다. 어린잎을 나물이나 떡을 해서 먹기도 하며 한방에서는 대청초라 하여 물에 달여 먹거나 술을 담가 먹었다.

감기로 인한 열, 기침, 기관지염에 좋은

솜방망이

솜방망이는 전국 양지바른 들에서 자라는 다년생 초본이다.

생태

생육환경은 비교적 척박한 토양에서도 잘 자라지만 부엽질이 많은 양지바른 곳에서 군락을 이룬다. 키는 20~60cm 정도로 큰 편이며, 잎은 길이가 5~10cm이다.

효능

적용질환은 감기로 인한 열, 기침, 기관지염, 인후염, 신장염, 수종, 옴, 종기 등이다.

채취시기

4~6월에 어린잎을 채취하여 사용한다.

먹는방법

쓴맛이 나고 유독성분이 함유되어 있어서 하루 정도 담가 충분히 우려낸 다음 사용해야한다.

봄에 어린순을 나물로 먹는다.

약용법

말린 약재를 1회에 4~7g씩 200cc의 물로 달여서 하루 3회 복용한다.

기침, 천식, 진해, 이뇨 등에 효능이 있는

쇠뜨기

전국의 산과 들 양지바른 곳에 흔하게 자라는 여러해살이 양치식물이다.

생태
세계적으로는 사막을 제외한 북반구 전역에 걸쳐 분포한다. 속이 빈 원통형의 줄기가 마디져 있고 각 마디마다 가지가 나오며 마디를 엽초가 둘러싸고 있는 독특한 특징을 지닌다.

효능
동의보감에 말린 약재를 달이거나 생즙을 내서 복용하면 토혈, 장출혈, 기침, 천식, 진해, 이뇨 등에 효능이 있다.

채취시기
어린순을 채취하여 사용한다. 약용으로는 3~5월에 생식기, 줄기, 잎을 뜯어 사용한다.

먹는방법
전초를 식용 및 약용한다.
어린순을 따서 사용한다.
어린순을 따서 끓는 물에 삶아 데친후에 나물로 먹는다.
생으로도 초고추장 또는 참기름으로 넣어 먹기도 한다.

이뇨, 강장 등에 효과가 있는
쇠무릎(우슬)

마디가 소의 무릎처럼 굵게 튀어나와 쇠무릎이라 이름 지어졌다.

생태

네모진 줄기는 높이 50~100cm 정도로 곧게 자라며 가지가 많이 갈라진다. 마주나는 잎은 타원형으로 양끝이 좁으며 가장자리가 밋밋하다.

효능

동의보감에 신선한 뿌리를 매일 끓여 먹으면 이뇨, 강장, 통경, 관절, 각기 등에 효과가 있다. 말린 뿌리를 달여 매일 복용하면 신경통, 월경불순, 부인병 등에 좋다.

채취시기

어린 순을 채취하여 사용한다. 음력 2월, 8월, 10월에 뿌리를 캐어 그늘에서 말려 사용하면 좋다.

먹는방법

어린 순은 봄에 나물로 먹는다.

손바닥만큼 자랐을 때 채취하여 나물로 무쳐 먹거나 밥 위에 얹어 쪄서 먹어야 부드럽다. 점액질과 칼륨염이 많이 들어 있다. 줄기나 뿌리는 차로 마시거나 술로 담가 먹기도 한다. 뿌리를 생것으로 먹을 수도 있고 말려서 차나 술로 마시면 어혈과 종기를 없애는 데 효과적이어서 생리불순이나 산후복통 등에 쓴다.

해열, 이뇨, 소종, 산혈 등의 효능이 있는

쇠비름

마치현, 마현, 마치초, 산현이라고도 한다. 다육질의 한해살이풀이다.

생태
물기가 많은 줄기는 밑동에서 갈라져 땅에 엎드려서 30cm 정도의 길이로
자란다. 붉은빛을 띤 줄기는 털이 전혀 없이 미끈하다.

효능
해열, 이뇨, 소종, 산혈 등의 효능이 있다. 적용질환은 소변이 잘 나오지
않는 증세, 임질, 요도염, 각기, 유종, 대하증, 임파선염, 종기, 마른버짐,
벌레에 물린 상처 등이다.

채취시기
봄부터 여름까지 계속 연한 순을 채취하여 사용한다.

먹는방법
봄부터 여름까지 계속 연한 순을 나물로 해 먹는다.
데쳐서 말려 두었다가 겨울에 먹기도 한다.

약용법
잎과 줄기를 약재로 쓴다.
말린 약재를 1회에 3~6g씩 200cc의 물로 은근하게
달여서 하루 3회 복용하거나 생즙으로 복용하는 방법
도 있다.

기관지염, 기침에 쓰이는

쇠서나물

우리나라 전역에 분포하는 2년생 초본이다.

생태

생육환경은 반그늘 혹은 양지에서 자란다. 키는 약 90cm 정도이고, 잎은 뿌리에서 나온 것은 꽃이 필때 없어지고 줄기에서 나온 잎은 길이 8~22cm, 폭 1~4cm의 배 모양으로 되어 있고 끝은 뾰족하다.

효능

전초를 모련채라 하여 고미건위, 진정에 약용하며 유행성감모, 기관지염, 기침, 유선염, 설사에 쓴다.

채취시기

어린잎을 채취하여 사용한다.

먹는방법

어린잎을 물에 우려 쓴맛을 제거한 후 나물로 먹기도 하고 밥에도 넣어 먹기도 한다.

고혈압, 황달에 효과가 있는

수송나물

바닷가에 자라는 한해살이풀이다.

생태

줄기는 높이 20-50cm, 밑에서 가지가 갈라져 비스듬히 자라며, 털이 없
고 윤기가 난다. 잎은 어긋나며 선형이고 끝은 뾰족하고 연하지만 나중에
는 딱딱해진다. 꽃은 7-9월에 피며, 잎겨드랑이에 1개씩 달리거나 짧은 이
삭꽃차례를 이룬다.

효능

영양이 풍부하고 온갖 염증과 비만증, 고혈압, 황달에 효과가 있다.

채취시기

어린잎을 채취하여 사용한다.

먹는방법

어린 순과 잎을 따서 삶든가 데쳐서 나물로 무쳐도 먹기도 하고, 샐러드를
만들거나 볶아 먹기도 한다.

찌개나 국거리로도 활용되며 튀김으로도 먹을 수 있다.

해열, 지갈의 효능이 있는

전국의 산과 들에 자라는 여러해살이풀이다.

생태

줄기는 높이 30-80cm이다. 원줄기는 녹색 또는 홍자색을 띠며 신맛이 난다. 근생엽은 총생하며 장타원형으로 길이 3-6cm, 폭 1-2cm이다.

효능

뿌리를 약재로 하는데 산모근. 산모, 산탕채, 산양제라고 뿌리에 크리소판산과 칼리움옥살레트, 수산, 타닌, 옥시메틸안스라치논이 함유되어 있으며, 해열, 지갈, 이뇨 등의 효능을 가지고 있다. 적용질환은 방광결석, 토혈, 혈변, 소변이 잘 나오지 않는 증세 등이다.

채취시기

어린잎을 채취하여 사용한다. 뿌리는 여름과 가을에 채취하여 약용한다.

먹는방법

연한 줄기와 잎은 식용하며, 뿌리는 약용한다.

어린순이나 어린잎을 채취하여 소금에 절여서 먹기도 하고 나물로 해 먹는다.

뿌리도 같은 방법으로 먹을 수 있는데 수산이 함유되어 있어 신맛이 난다. 주의해야 할 점은 많은 양을 먹으면 신진대사 기능이 저하가 될 수 있어 소량으로 먹는것이 좋다.

약리실험에서 항암작용도 있다고 밝혀진

순채

부규, 순나물이라고도 한다. 중국 원산이다.

생태
연못에서 자라지만 옛날에는 잎과 싹을 먹기 위해 논에 재배하기도 하였다. 뿌리줄기가 옆으로 벋으면서 길게 자라서 50~100cm나 되고 잎이 수면에 뜬다. 잎은 어긋나고 타원형이며, 뒷면은 자줏빛이 돌고 중앙에 잎자루가 달린다.

효능
약으로 쓰면 열을 내리고나 이뇨제로 많이 쓰이고 부은 것을 내리고, 독을 푸는 데도 효과가 있으며, 이질, 황달, 부스럼 등에도 처방한다. 기록에 따르면 약리실험에서 항암작용도 있다고 밝혀져 있다.

채취시기
늦봄이나 초여름에 물속에 들어 있는 순채의 어린 잎 순을 우무질과 함께 채취하여 사용한다.

먹는방법
주로 나물로 막장에 무쳐 먹는다.
오이와 섞어 양념장으로도 무쳐먹거나 전골이나 탕, 고기요리에도 사용할 수가 있다.

혈액 순환을 원활하게 해주는

쉽싸리

쉽싸리는 우리나라 각처의 산에서 나는 다년생 초본이다.

생태

생육환경은 낙엽수가 있는 반그늘이나 양지쪽의 물 빠짐이 좋은 곳에서 자란다. 키는 1m 정도로 자라는 비교적 큰 식물이다.

효능

혈액 순환을 원활하게 해주고 이뇨, 소종 등의 효능을 가지고 있다. 월경 불순, 폐경, 산후 어혈로 인한 복통, 요통, 타박상 등이다.

채취시기

이른 봄에 굵은 땅속줄기를 캐어 사용하고 잎과 줄기는 꽃이 필 때 채취하여 사용한다.

먹는방법

어린순을 채취하여 나물로 무쳐 먹는다.

쓴맛이 있어서 데쳐서 찬물에 잘 우려낸 다음 조리를 해야 한다. 이른봄에 굵은 땅속줄기를 캐어 나물로 무치거나 삶아 먹기도 한다.

약용법

말린 약재를 1회에 2~4g씩 200cc의 물로 반 정도의 양이 되도록 뭉근하게 달이거나 가루로 빻아서 하루 3회 복용한다..

해열제나 이뇨제 등으로 사용되는

쑥부쟁이

쑥부쟁이는 우리나라 각처의 산과 들에서 자라는 다년생 초본이다.

생태

국화과의 여러해살이풀로 키가 1m까지 자라며 뿌리줄기가 옆으로 기면서
자란다. 잎이 어긋나고 기부가 밋밋하면서 중간부터 톱니가 있다. 꽃은
7~10월경에 설상화는 자주색, 통상화는 노란색으로 달린다. 열매엔 길이
가 0.5mm크기의 갓털이 달려있는데 바람에 날린다.

효능

식물 전체를 건조시켜 해열제나 이뇨제 등으로 사용한다. 이른 봄에 새순
을 채취해 먹기도 한다. 해열, 기침, 천식, 어깨 결림, 벌레 독 제거 등에 효
능이 있다.

채취시기

3~5월에 어린 순을 채취하여 사용한다.

먹는방법

봄에 어린순을 채취하여 봄나물과 같이 버무려 먹는다.
봄에 말려둔 나물을 겨울에 먹어도 좋고 식물전체를 건
조시켜 약재로 많이 사용한다.

위장약이나 진정제로 사용되는

씀바귀

씀바귀는 우리나라 중부 이남의 산이나 들에 흔히 나는 다년생 초본이다.

생태

생육환경은 양지 혹은 반그늘의 어느 곳에서도 잘 자란다. 키는 25~50㎝ 이고, 잎은 끝이 뾰족하고 밑은 좁아져 잎자루로 이어지며 1/2 이하에 치 아 모양의 톱니가 생긴다.

효능

식물뿌리는 위장약이나 진정제로 사용된다. 잎이나 줄기 모두가 쓴 맛이 강하고 자르면 흰 즙이 나온다. 이른 봄 뿌리와 줄기를 채취해 나물로 무쳐 먹거나, 부침으로도 먹는다. 동의보감에 말린 약재를 달여서 복용하면 해 열, 건위, 조혈, 소종 등에 효능이 있다.

채취시기

4~5월경에 어린순과 뿌리를 케어 사용한다.

먹는방법

나물로 먹을 때는 살짝 데쳐서 물에 담가 쓴 맛을 우려 낸 다음 볶거나 무친다. 약간 쓴맛이 난다.

어린순과 뿌리는 식용, 전초는 약용으로 쓰인다

이른 봄에 뿌리와 어린잎을 캐서 먹는 대표적인 봄나 물이다.

소화기능을 튼튼하게 해주고 음기를 보강하는

양지꽃

양지꽃은 전국의 산과 들에 자라는 다년생 초본이다.

생태
생육환경은 토질에 관계없이 잘 들어 오는 곳에서 자란다. 키는 30~50㎝ 이고, 잎은 길이가 1.5~5㎝, 폭은 1~3㎝로 여러 개가 나와 사방으로 퍼진다.

효능
소화기능을 튼튼하게 해주고 음기를 보강하며 혈액순환 장애로 인한 만성적인 영양부족을 치료한다.

채취시기
어린순을 채취하여 사용한다.

먹는방법
다른 풀에 비해 일찍 싹트기 때문에 이른 봄에 새순을 따서 나물로 먹는 된다.
국으로 만들어 먹어도 좋다. 어린순은 식용, 뿌리를 포함한 전초는 약용으로 쓰인다.

항암 효과가 있는

애기수영

유럽이 원산지이다.

생태

길가나 빈터에서 자란다. 뿌리줄기가 옆으로 벋으면서 번식하고, 줄기는 곧게 서며 높이가 20~50cm이고 털 모양의 돌기가 있으며 모가 난 세로 줄이 있고 자줏빛이 돌며 잎과 더불어 신맛이 난다.

효능

한방에서는 잎과 줄기를 소산모라는 약재로 쓰는데, 항암 효과가 있으며, 폐결핵으로 인한 각혈에 지혈 효과가 있다.

채취시기

연한 줄기와 잎을 채취하여 사용한다.

먹는방법

연한 줄기와 잎은 식용한다.

어린순을 살짝 절여서 먹거나 데쳐서 나물로 먹는다.

뿌리도 같은 방법으로 먹을 수 있는데 신맛이 있다.

약용법

뿌리를 채취하여 햇볕에 잘 말려서 사용한다. 말린 약재를 1회에 3~6g씩 200cc의 물로 달여서 하루 3회 복용한다.

진해, 거담 효과가 있는

양하

아시아 열대 지방이 원산지이다.

생태
뿌리줄기는 옆으로 벋고 비늘 조각 모양의 잎으로 덮인다. 잎은 바소꼴 또는 긴 타원 모양이고 밑 부분이 잎집으로 되어 서로 감싸면서 줄기 모양으로 자라 높이가 40~100cm에 달한다.

효능
한방에서는 뿌리줄기와 종자를 약재로 쓰는데, 뿌리줄기는 여성의 생리불순과 백대하를 치료하고 진해, 거담 효과가 있으며 종기와 안구 충혈에도 사용한다.

채취시기
봄에 어린 순을 채취하여 사용하고 꽃이 피기 전 줄기와 함께 채취하여 사용한다.

먹는방법
양하는 날로 먹는다.

보통은 매우 곱게 썰어서 샐러드에 만들어 먹거나 장식용으로 사용하기도 한다. 양하는 다른 나물에 비해서 섬유질이 많아 조금 질긴 식감을 나타내는데 조리를 할 때는 양념을 적게 사용하는 것이 좋다.

신경통 치료에 사용되는
엉겅퀴

가시나물이라고도 한다. 좁은잎엉겅퀴, 가시엉겅퀴, 흰가시엉겅퀴라고 한다.

생태

산이나 들에서 자란다. 줄기는 곧게 서고 높이 50~100cm이고 전체에 흰털과 더불어 거미줄 같은 털이 있다. 뿌리 잎은 꽃필 때까지 남아 있고 줄기 잎보다 크다.

효능

가을에 줄기와 잎을 그늘에 말린 대계는 이뇨제, 지혈제 등이나 신경통 치료에 사용된다. 『동의보감』에 '성질이 평하고 맛이 쓰지만 독이 없다'고 적고 있다. 봄에 어린잎은 채취해 국을 끓여 먹거나 나물로도 데쳐 먹고, 줄기는 껍질을 벗겨 장아찌로 먹는다.

채취시기

어린잎이나 줄기를 같이 채취하여 사용한다.

먹는방법

어린잎을 채취하여 싱싱한 상태로 데쳐서 무쳐먹거나 튀김으로 조리할 수 있다.

어린잎이나 부드러운 줄기와 뿌리, 줄기를 식재로 이용한다. 튀김으로 할 때는 어린잎과 꽃, 줄기도 함께 채취하여 사용할 수가 있다. 줄기는 쓴맛이 있어서 물에 불려 제거한 후에 사용한다.

지혈, 소종의 효능이 있는

여뀌

물가에서 자라나는 한해살이풀이다.

생태

꽃은 7-10월에 피며, 열매는 8-11월에 익는다. 줄기는 곧게 일어서고 가지를 치면서 60cm 정도의 높이로 자라는데 털이 거의 없고 홍갈색 빛을 띤다.

효능

지혈, 소종의 효능이 있다. 따라서 적용질환은 이질, 설사, 장출혈, 각기, 월경과다, 월경이 멈추지 않는 증세, 타박상 등이다.

채취시기

어린 싹을 채취하여 사용한다. 가을에 꽃이 필 때 채취하여 햇볕에 말려 약용으로 사용한다.

먹는방법

뿌리를 포함한 모든 부분을 약재로 쓰는데 흰여뀌도 함께 쓰인다.

어린 싹을 채취하여 생선회에 곁들여 먹는다.

생선회에 같이 먹는 것은 여뀌의 매운맛이 생선의 비린내를 없애주기 때문이다.

살아있는 인슐린이라 불려 당뇨에 좋은

여주

아시아 열대산이며 관상용으로 심는다.

생태

줄기는 가늘고 길이 1~3m 자라며 덩굴손으로 다른 물건을 감아서 올라간다. 잎은 어긋나고 자루가 길며, 가장자리가 5~7개로 갈라진다.

효능

여주의 성분 중 가장 좋은 성분은 식물인슐린과 카란틴이란 성분이 있어 살아있는 인슐린이라 불려 당뇨에 좋고, 더위로 인해 식욕이 없거나 떨어져 몸 상태가 좋지 않을 때 먹으면 식욕이 생기도록 도와준다.

채취시기

6~8월 열매 맺은 것을 덜 익은 채로 수확한다.

먹는방법

생 여주를 반찬으로 만들어 먹기도 한다.

어린 열매와 홍색 종피는 식용으로 하고 종자는 약용으로 한다. 보통은 말린 여주를 차로 끓여 먹는다. 여주는 쓴맛이 강하지만 건조했을 때는 쓴맛의 강도가 줄어들기 때문이다. 천연 인슐린이 많이 함유하고 있어서 돼지감자와 함께 당뇨환자들에게 아주 좋은 식품이다.

마음을 안정시키는 효능이 있는

연꽃

아시아 남부와 오스트레일리아 북부가 원산지이다.

생태

진흙 속에서 자라면서도 청결하고 고귀한 식물로, 여러 나라 사람들에게 친근감을 주어 온 식물이다. 연못에서 자라고 논밭에서 재배하기도 한다.

효능

가장 많이 사용하는 부분은 열매로 기력을 돕고 오장을 보호해주며 갈증과 설사를 없애준다. 특히 마음을 안정시키는 효능이 있다. 달면서도 쓴맛이 있는 잎은 혈액순환을 좋게 하고 어혈을 풀어주는 데 좋다.

연꽃의 노란 수술 말린 것은 치질과 치루를 치료하는 데 쓰이고 당뇨병으로 인한 심한 갈증을 멎게 하고 혈당조절에 효과가 있다. 또, 연꽃은 머릿결을 좋게 하고 검게 한다고 한다.

채취시기

꽃은 꽃이 피기 직전이나 후에 채취하여 사용한다.

먹는방법

연한 연잎을 채취하여 삶아서 밥을 사서 먹기도 하고 연자육은 덜 여물었을 때는 껍질을 벗기셔서 생으로 먹기도 하고 건조시켜 물이나 차로 끓여 먹는다.

열을 내리고 해독효능이 있는

옥잠화

옥비녀꽃, 백학석이라고도 한다. 중국 원산이며 관상용으로 심는다.

생태

굵은 뿌리줄기에서 잎이 많이 총생한다. 잎은 자루가 길고 달걀 모양의 원형이며 심장저로서 가장자리가 물결 모양이고 8~9쌍의 맥이 있다. 꽃은 8~9월에 피고 흰색이며 향기가 있고 총상으로 달린다. 6개의 꽃잎 밑부분은 서로 붙어 통 모양이 된다.

효능

옥잠화잎은 열을 내리고 해독효능이 있어 몽아리와 종기를 가라앉히며, 각종 피부질환, 여드름, 주근깨를 없애는 효능이 있다. 옥잠화뿌리는 옥잠화근이라 하여 소종에 좋고 해독과 지혈의 효능이 있다.

채취시기

연한 잎줄기를 채취하여 사용한다.

먹는방법

봄에 연한 잎줄기를 채취하여 나물로 먹는다.

꽃, 뿌리, 줄기를 한약 재료로 이용한다.

혈압도 내리고 고혈압에 좋은

올방개

습지에 자라는 여러해살이풀이다.

생태
땅속줄기는 옆으로 길게 벋으며 끝에 덩이줄기가 달린다. 줄기는 높이 50-100cm, 지름 3-5mm이며 둥글다. 줄기 속에는 격막이 있어 마디처럼 보인다. 밑부분에 잎집이 있으며 막질이고 비스듬히 자른 모양이다.

효능
혈압도 내리고 고혈압, 기관지, 치질, 출혈에 좋으며 전분을 만들어 먹으면 위장이 튼튼해지고 술의 해독에도 좋다.

채취시기
7-8월에 채취해 햇빛에 말린다.

먹는방법
약용하거나 식용한다.

약용법
전초를 1회 5g정도씩 달여서 하루 2~3회 마신다.
진득찰 잎과 줄기를 단옷날 채취하여 술과 꿀을 묻혀 9증9포를 하여 가루를 만든 다음 꿀과 함께 오동씨 크기의 알약을 빚어 60~70알씩 복용하면 좋다.

온폐, 화담, 화중, 이뇨의 효능이 있는

옹굿나물

전국적으로 분포하고 있다.

생태

공터나 냇가 등에 형성되는 풀밭 속에 난다. 여러해살이풀로 땅속줄기가 자라며 증식되어 나간다. 줄기는 곧게 서서 60cm 안팎의 높이로 자라며 윗부분에서 약간의 가지를 친다. 가지 부분에는 약간의 잔털이 난다.

효능

온폐, 화담, 화중, 이뇨의 효능이 있다.

해수기천, 장명이 있는 설사, 이질, 소변단삽을 치료한다.

채취시기

어린 싹을 채취하여 사용한다.

먹는방법

전초는 약용으로 사용하고 어린 싹을 나물로 먹는다.

약간 떫고 쓴맛이 나므로 데친 다음 찬물에 담가 두었다가 쓴맛이 빠지면 사용한다. 먹는 방법이 다르지만 어느곳에서는 데쳐서 우려낸 것을 잘게 썰어 쌀과 섞어서 나물밥을 지어먹기도 한다.

가래를 삭이며 소변을 잘 나오게 하는
왜제비꽃(제비꽃 속)

산이나 들에서 자란다.

생태

뿌리줄기는 짧고 원줄기가 없다. 잎은 모여나고 달걀 모양 , 세모꼴의 달걀 모양 , 넓은 달걀 모양 등으로 끝이 둔하다. 또한 가장자리에 둔한 톱니가 있고 잎자루가 길다.

효능

제비꽃의 맛은 쓰고 매우며 성질은 차다. 가래를 삭이며 소변을 잘 나오게 하며 불면증과 변비에도 효과가 있다. 특히 제비꽃은 생인손을 앓을 때 날로 찧어 붙이면 신기하리 만큼 잘 낫는다.

채취시기

봄에 어린잎을 채취하여 사용한다.

먹는방법

제비꽃 어린잎을 채취하여 나물로 먹는다.

샐러드나 데친 나물로 먹기도 한다. 뿌리는 삶아서 잘게 썰어 밥에 섞어 먹는다. 전초를 캐어서 깨끗이 씻어 상큼한 소스를 얹어 샐러드로 먹거나 잘 말려 차로 끓여 먹기도 좋다. 꽃은 자주색 물을 들이는 염료로도 사용한다.

이뇨제, 해독제, 건위제 등으로 사용하는
인동초

금은화라고도 한다.

생태

인동과의 반상록 덩굴성관목으로 줄기가 오른쪽으로 감겨 올라가는데 길이가 3m에 이른다. 잎은 마주나고 끝이 둔하면서 가장자리는 밋밋하다. 꽃은 희게 피다가 점차 노랗게 변한다.

효능

한방과 민간에서는 잎과 꽃을 이뇨제, 해독제, 건위제, 해열제, 소염제, 지혈제 등으로 사용하며 구토, 감기, 임질, 관절통 등에도 사용한다. 또한 인동주를 목욕물에 풀어 사용하면 습창, 요통, 관절통, 타박상 등의 치료에 효과가 있다.

채취시기

연한 잎과 줄기를 채취하여 사용한다.

먹는방법

연한잎과 줄기를 채취하여 소금물에 살짝 데쳐서 찬물에 헹궈 물기를 잔 다음 프라이팬에 참기름을 두르고 볶아 된장양념에 무쳐 나물로 먹으면 맛이 있다.

각기와 인후염 등에 효능이 있는

자리공

생태
자리공과의 여러해살이풀로 키가 1m정도이지만 더 큰 것도 있다. 잎은 어긋나고 가장자리가 밋밋하며, 꽃은 5~6월에 길이 12~15㎝ 크기로 핀다. 독성이 강한 식물이지만, 뿌리는 악성종기와 이뇨제로 사용된다.

효능
뿌리를 약재로 쓴다. 다량의 수지와 초석을 함유하고 있으며 그 이외에 고미배당체인 사포닌(Saponin)과 히스타민도 함유하고 있다고 한다. 이뇨효과가 크며 종기를 가시게 하는 효능도 있다.

채취시기
독성이 있지만 연한 잎을 채취하여 사용한다.

먹는방법
독성이 있어 삶아 물에 오래 담가서 독성이 빠진 다음 나물로 먹는다. 되도록이면 먹지 않는 것이 좋다.

약용법
악성종기에는 약재를 가루로 빻아 기름에 개어 붙이거나 또는 생잎을 짓찧어서 붙이기도 한다.

감기로 인한 열, 편도선염, 인후염에 좋은

왕고들빼기

왕고들빼기는 우리나라 산과 들에 분포하는 일년생 초본이다.

생태

생육환경은 물 빠짐이 좋은 곳이나 경사지의 반그늘이나 양지에서 자란다. 키는 1~2m까지 자라고, 잎은 표면은 녹색이고 뒷면은 분백색이다.

효능

해열, 소종 등의 효능을 가지고 있다. 따라서 적용질환은 감기로 인한 열, 편도선염, 인후염, 유선염, 자궁염, 산후 출혈이 멎지 않는 증세 등이다. 그 밖에 종기의 치료에도 쓰이고 있다.

채취시기

봄에서 여름 사이에 잎을 채취하여 사용한다.

먹는방법

왕고들빼기는 어린잎이든 센 잎이든 상추처럼 쌈채로 먹을 수 있다. 상추보다 더 쓴 맛이 나지만 먹을만 하다. 겉절이 무침을 해서 먹어도 좋고 초고추장으로 무쳐 먹어도 좋다.

약용법

말린 약재를 1회에 5~10g씩 200cc의 물로 반 정도가 되게 달여서 하루 3번 복용한다. 종기의 치료에는 생뿌리를 찧어서 환부에 붙인다.

갑상선암을 치료하는
잔털제비꽃

생태
전체에 잔털이 있으며 뿌리줄기가 옆으로 비스듬히 자란다. 잎은 뿌리에서 뭉쳐나며 끝이 둥근 달걀상 원모양으로 가장자리에 물결모양의 거치가 있으며 잎자루에 짧은 털이 빽빽이난다. 턱잎은 바소모양이다. 꽃은 4월에 피며 흰색으로 잎 사이에서 나온 꽃자루에 옆으로 향해 달린다.

효능
한방에서 지정이라 하며 청열해독, 양혈소종의 효능이 있어 인후염, 황달성 간염, 장염, 독사에 물렸을 때 사용하며, 민간에서 풀 전체를 종기 및 갑상선암을 치료하는데 쓴다.

채취시기
여린잎줄기를 채취하여 사용한다.

먹는방법
보통의 제비꽃들은 튀김으로 많이 사용하기도 하고 다른 야채와 함께 샐러드로 먹기도 한다.

살짝 데쳐서 나물로도 먹고, 꽃잎을 모아 살짝 데쳐서 잘게 썰어 밥에 섞어 꽃밥을 만들어 먹는다. 된장국을 끓여 먹기도 한다.

혈액 순환을 원활하게 하는

장구채

장구채는 우리나라 각처의 산과 들에서 자라는 2년생 초본이다.

생태

생육환경은 양지 혹은 반그늘의 풀숲에서 자란다. 키는 30~80cm 정도이고, 잎은 넓은 송곳 모양으로 양끝이 좁으며 마주난다.

효능

혈액 순환을 원활하게 하고 월경을 조절해주며 젖의 분비를 촉진시킨다. 그밖에 비장(주로 백혈구를 만들고 묵은 적혈구를 파괴하는 기능을 가진 내장의 하나)을 보해주고 이뇨작용도 한다. 적용질환은 월경불순, 젖의 분비불량, 부종, 어린아이의 빈혈 등이다.

채취시기

봄에 어린 싹을 채취하여 사용한다.

먹는방법

어린 순을 나물로 한다.

봄에 갓 자라나는 어린 싹을 채취하여 끓는 물에 데쳐 찬물로 우려낸 다음 양념으로 간을 맞추어 나물로 먹는다. 때로는 된장국을 만들어 먹기도 한다.

종자를 최유, 지혈, 진통제로 사용한다.

사포닌이 있어 정혈작용을 하는

장대나물

주로 산야의 양지바른 곳에서 자라며 키는 약 70cm이다.

생태

첫해에는 잎만 나고, 이듬해에는 원줄기에 잎이 어긋나기로 달린다. 잎은 피침형 또는 타원형으로, 가장자리는 밋밋하며 잎의 기부가 원줄기를 감싸고 잎자루는 없다. 4~6월에 흰색의 꽃이 원줄기 끝에 총상꽃차례로 달린다.

효능

위통을 없애고, 이뇨작용이 있다. 전초에 사포닌이 있어 정혈작용이 나타난다.

채취시기

봄에 어린 순을 채취하여 사용한다.

먹는방법

봄에 어린 순을 채취하여 나물로 무쳐 먹는다,

하지만 크기가 작아 식용가치는 적다.

류머티즘으로 인한 통증의 치료에도 쓰이는

젓가락나물

전국 각지에 널리 분포하고 있으며 들판의 습한 땅에 난다.

생태

두해살이풀이며 독성식물로 알려지고 있다. 온몸에 거친 털이 있고 많은 잔뿌리를 가지고 있다. 줄기는 곧게 서고 많은 가지를 치면서 60cm 안팎의 높이로 자란다.

효능

소염, 소종 작용을 하며 간에 영향을 준다. 적용질환은 간염, 간경화증, 황달, 학질, 종기 등이다. 기타 치통이나 류머티즘으로 인한 통증의 치료에도 쓰인다.

채취시기

이른 봄에 어린순을 채취한다.

먹는방법

독성분을 없애기 위해 데쳐서 흐르는 물에 이틀 정도 담가 충분히 우려내어 사용해야 한다.

독성식물이기는 하나 일부지방에서는 이른 봄에 어린순을 나물로 먹는 일도 있지만 맛이 뛰어난 것도 아니어서 되도록이면 식용으로 사용하지 않는 것이 좋다.

해독, 소염, 소종, 이뇨 등의 효능이 있는

제비꽃

제비꽃은 우리나라 전역의 산과 들에 자라는 다년생 초본이다.

생태
생육환경은 양지 혹은 반음지의 물 빠짐이 좋은 곳에 자란다.

효능
풀 전체를 해독, 소염, 소종, 지사, 최토, 이뇨 등의 효능이 있어 황달, 간염, 수종 등에 쓰이며 향료로도 쓰인다.

채취시기
어린순을 채취하여 사용한다.

먹는방법
어린 순을 채취하여 나물로 먹는다.

새순을 따서 샐러드나 데친 나물로 먹기도 한다. 보통의 제비꽃들은 튀김으로 많이 사용하기도 하고 다른 야채와 함께 샐러드로 먹기도 한다. 살짝 데쳐서 나물로도 먹고, 꽃잎을 모아 살짝 데쳐서 잘게 썰어 밥에 섞어 꽃밥을 만들어 먹는다. 된장국을 끓여 먹기도 한다.

꽃은 보라색 물을 들이는 염료로도 사용한다.

이뇨작용을 하며 피를 식혀주는

조개나물

경기 이남에서 자라는 다년생 초본이다.

생태

생육환경은 양지쪽에 토양이 비교적 메마른 곳, 즉 묘지 주변이나 잔디가 많은 곳에서 자란다.

효능

이뇨작용을 하며 피를 식혀주고 종기로 인한 부기를 가시게 한다. 따라서 소변이 잘 나오지 않는 경우 이를 다스리기 위해 쓰이며 기타 고혈압이나 임파선염 등의 치료약으로 사용한다. 또한 종기로 인해 생기는 부기를 가시게 하여 악성종기의 치료를 위해서도 쓰인다.

채취시기

어린순을 채취하여 사용한다. 약용으로 사용할 때는 꽃이 피는 5~6월에 채취하여 말려서 사용한다.

먹는방법

어린순은 나물로 먹는다.

약용으로 사용할 때에는 내과 질환에 대해서는 내복약으로 쓴다. 말린 약재를 1회에 4~6g씩 200cc의 물에 넣어 반 정도의 양이 되도록 달여서 하루 3회 복용한다.

지혈의 효능이 있으며 멍든 피를 풀어주는

조뱅이

여러해살이풀이다.

생태

5-8월에 꽃이 핀다. 햇볕이 잘 드는 경사가 낮은 곳의 물기가 있는 토양에 주로 자란다. 그늘진 곳에서는 잘 자라지 못한다.
줄기는 곧추서며, 가지가 거의 갈라지지 않는다.

효능

적용질환은 토혈, 혈뇨, 혈변, 코피가 흐를 때, 산후에 출혈이 멎지 않는 증세, 급성간염, 황달 등이다.

채취시기

생육기간 중에는 어느 때든 채취할 수 있으며 햇볕에 잘 말려서 쓴다. 때로는 생풀을 쓰기도 한다. 말린 것은 쓰기에 앞서서 잘게 썬다.

먹는방법

어린잎을 식용 또는 약용한다.
봄에 어린순을 나물로 해먹거나 국을 끓여 먹을 수 있다. 데쳐서 기름으로 볶아 조리하는 방법도 있다.

간기능 촉진, 부인병에 효능이 있는

졸방제비꽃은 우리나라 각처의 산과 들에서 자라는 다년생 초본이다.

생태

생육환경은 양지 혹은 반그늘에서 자란다. 키는 20~40㎝이고, 잎은 길이가 2.5~4㎝, 폭이 0.3~0.5㎝로 어긋난다.

효능

한방과 민간에서 전초를 고민, 간기능 촉진, 태독, 유아 발육촉진, 해독, 감기, 통경, 거풍, 기침, 부인병, 최토, 정혈, 등에 효능이 있다.

채취시기

봄에 어린잎을 채취하여 사용한다.

먹는방법

어린잎은 살짝 데쳐서 나물로 무쳐 먹는다.

된장국도 끓여 먹을수 있으며 살짝 데쳐 햇볕에 말려서 겨울에도 먹을 수 있다.

약용법

지상부 10g에 물700ml을 넣고 달인 액을 반으로 나누어 아침저녁으로 복용한다.

혈압강하 작용으로 고혈압을 치료하는

좁쌀풀

좁쌀풀은 우리나라 각처의 산지에서 자라는 숙근성 다년생 초본이다.

생태
생육환경은 양지 혹은 반그늘인 풀숲의 가장자리에서 자란다. 키는 40~80cm이고, 잎은 좁은 달걀 모양으로 길이가 4~12cm, 폭이 1~4cm로 마주나고 양끝이 좁고 가장자리가 밋밋하다.

효능
뿌리가 달린 전초를 약용에 사용하는데 생약명은 황련화라고 한다. 황련화는 맛이 시고 약간 매우며 약성은 시원한 성질에 혈압강하 작용이 있으므로 고혈압을 치료하고 두통이나 진통 진정 불면에 좋은 약효가 있다. 옛날부터 민간약으로 근심 걱정이 있고 밤에 잠이 잘 안 올 때 사용해 왔다고 전래되고 있다.

채취시기
이른 봄에 어린순을 채취하여 사용한다.

먹는방법
어린순을 식용하며, 잎과 줄기를 약용한다.
줄기가 자라나기 전인 이른 봄에 어린순을 채취하여 나물로 무쳐 먹는다. 약간 매우면서 신맛이 난다.
나물로 할 때에는 데쳐서 찬물에 잠깐 우렸다가 다른 산나물과 섞어 비빔밥으로 먹어도 좋다.

지혈과 건위, 소종 등의 효능이 있는
지칭개

두해살이풀이다.

생태

5-9월에 꽃이 핀다. 햇볕이 잘 드는 들판에서 흔히 자라며 밭두렁이나 버려진 공터 등의 교란된 곳에 자란다. 줄기는 곧추서며, 높이 60-90cm, 가지가 갈라지고, 거미줄 같은 흰 털이 있다. 뿌리잎은 일찍 마른다.

효능

지혈과 건위, 소종 등의 효능을 가지고 있다. 적용질환은 소화불량, 위염, 종기, 치루, 외상출혈 등이다.

채취시기

어린순을 채취하여 사용한다. 약용으로는 꽃이 필 때에 채취하여 햇볕에 말린 다음 잘게 썰어서 쓴다.

먹는방법

어린순을 채취하여 사용한다. 꽃을 포함한 모든 부분을 약재로 쓴다.

쓴맛이 난다. 어린잎을 채취하여 삶은 후에 물에 오래 동안 놔둬야 쓴맛을 제거할 수가 있다.

뿌리와 함께 생으로 먹거나 삶아서 무쳐 먹기도 한다. 튀김을 해서 먹어도 좋다.

담으로 인한 기침의 치료에도 효능이 뛰어난

질경이

질경이는 우리나라 각처의 들과 산, 길가에 나는 다년생 초본이다.

생태

생육환경은 양지 혹은 반그늘 어느 곳에서도 잘 자란다. 키는 10~50cm이고, 잎은 길이가 4~15cm, 폭이 3~8cm로 많은 잎이 뿌리에서 퍼지며 대부분의 잎이 길이가 비슷하고 밑부분이 넓어지는 타원형이다.

효능

이뇨작용이 있기 때문에 습이 몸 밖으로 잘 배출되며, 눈도 맑게 하고, 담으로 인한 기침의 치료에도 효능이 뛰어나며, 폐에 열이 생겨 가래, 기침 증상이 심할 때 질경이를 먹게 되면 열을 소변으로 함께 배출해 열을 내려준다.

채취시기

봄, 여름에 연한 잎으로 채취한다.

먹는방법

연한 잎을 채취하여 나물로 먹거나 녹즙으로 갈아먹으면 좋다.

질겨진 것은 삶아서 말려 두었다가 나중에 먹을 때 물에 불려 사용할 수가 있다. 나중에 나물로 무치거나 기름에 볶아 먹기도 한다.

특히 여자들에게 좋아서 많이 사용한다.

위궤양, 장염, 월경이 멎지 않는 증세에 좋은

짚신나물

짚신나물은 우리나라 각처의 산과 들에 자라는 다년생 초본이다.

생태

생육환경은 토양의 비옥도에 관계없이 양지 혹은 반그늘에서 자란다.

효능

지사, 수렴, 지혈, 소염, 해독 등의 효능을 가지고 있다. 적용질환은 각종 내출혈, 설사, 이질, 위궤양, 장염, 월경이 멎지 않는 증세, 대하증 등이다. 그밖에 뱀에 물리거나 종기가 났을 때에도 쓰인다.

채취시기

이른 봄에 어린 싹을 채취하여 사용한다. 꽃이 피기 직전에 채취하여 햇볕에 말려서 잘게 썬다.

먹는방법

이른 봄에 어린 싹을 나물로 먹는다.

쓴맛이 강하므로 데쳐서 우려낸 다음 양념해서 먹고 씨를 가루로 만들어 국수를 만들어 양식으로 대용할 수가 있다.

약용법

말린 약재를 1회에 4~7g씩 200cc의 물로 달이거나 가루로 빻아 하루 3회 복용한다.

소변을 자주 보는 증상에 좋은

참꽃마리

참꽃마리는 우리나라 각처의 산과 들의 습한 곳에서 나는 다년생 초본이다.

생태
　생육환경은 반그늘 혹은 양지에서 자란다. 키는 10~15cm이고, 잎은 길이가 1.5~4cm이며 끝은 뾰족하고 난형으로 어긋난다.

효능
한방에서는 잎과 줄기를 소변을 자주 보는 증상과 어린이의 적백이질에 약으로 사용한다.

채취시기
어린순을 채취하여 사용한다.
약용으로는 초여름 개화시에 채취하여 햇볕에 말린다.

먹는방법
봄과 초여름에 연한 잎과 줄기를 삶아 나물로 먹거나 말려두고 나중에 먹기도 한다.

천문동

생태

땅 속의 뿌리줄기는 짧고 덩이 모양으로 비대하며 뿌리가 사방으로 퍼진다. 줄기는 1~2m 정도로 덩굴져서 자라며 가지가 많이 갈라진다. 잔가지는 가는 잎모양으로 1~3개씩 모여서 나며 윤채가 있으며 활처럼 휜다. 잎은 짧은 가시처럼 되어 흩어져서 난다.

효능

진해, 이뇨, 토변, 자양, 강장, 항균, 토혈, 보로, 폐렴, 보신, 폐기 등의 약용으로 쓰인다.

채취시기

뿌리를 수확할 때는 3년 후부터 채취하며 순은 2년째부터 수확할 수 있다. 5년 정도가 된 것이 수량이 높다. 수확기는 10월초부터 다음해 봄에 싹이 터 올라 오기전이다.

먹는방법

말린 것으로 하루에 5~15g 을 먹으면 되는데 술로 담가서 아침저녁으로 공복에 1잔씩 먹는다. 또는 물에 달여서 먹거나 가루로 만들어 차처럼 타마셔도 좋고 환으로 만들어 먹기도 한다.

명아주

들에서 자란다.

생태

높이 60cm 내외로 자라고 털이 없으며, 흰 가루가 다소 있다. 잎은 어긋나고 세모꼴의 달걀 모양 또는 달걀 모양의 타원형이며 가장자리가 거의 밋밋하지만 불규칙한 톱니가 있다. 잎 표면은 짙은 녹색이고 뒷면은 회록색이며 흰 가루로 덮여 있다.

꽃은 7~8월에 피고 총상꽃차례를 이룬다.

효능

채취시기

어린순을 채취하여 사용한다.

먹는방법

어린 순을 식용으로 한다.

화상, 동상, 외상출혈 등에 효과가 있는

춘란(보춘화)

난초과의 상록여러해살이풀로 동양란을 대표하는 난이다.

생태

뿌리는 굵게 사방으로 퍼지고 잎은 뿌리에서 나며, 연한 황록색 꽃은 3~4 월경 줄기 끝에서 핀다. 춘란은 야산 숲속의 약간 마른 땅에서 자라며, 꽃이 매우 아름답다.

효능

뿌리를 약재로 사용하는데, 말린 뿌리를 가루로 만들어 기름에 개어서 환부에 바르면 튼 손발, 화상, 동상, 외상출혈 등에 효과가 있다.

채취시기

꽃과 줄기를 채취하여 사용한다.

먹는방법

연한 꽃과 줄기를 채취하여 손질한 춘란꽃을 끓는 소금물에 2분정도 데친 다음 줄기의 껍질을 벗겨낸다.

프라이팬에 참기름을 두르고 쪽파, 다진 마늘을 넣어 볶은 다음 초고추장을 넣어 골고루 버무려 먹는다.

혈액순환까지 원활하게 해주는

큰까치수염

전국 산야에서 흔히 볼 수 있다.

생태

앵초과의 여러해살이풀로 키가 1m까지 자라고 잎은 어긋나며 가장자리가 밋밋하다. 흰색 꽃은 6~8월경 총상꽃차례로 핀다. 중국에서는 식물전체를 채취한 것을 진주채라고 부르는데, 이뇨제와 월경불순 등의 치료에 사용된다.

효능

가을에 전초를 채취해 햇볕에 말려 물로 달이거나, 생풀의 즙을 복용하면 이뇨와 소종 등에 효능이 있고 혈액순환까지 원활하게 해준다.

채취시기

어린순을 채취하여 사용한다.

먹는 방법

어린순을 채취하여 손질한 후 끓는 소금물에 2분정도 데친 다음 달궈진 프라이팬에 참기름을 두르고 데친 재료를 넣어 충분하게 볶은 다음 양념을 넣고 소금으로 간을 맞추면서 가볍게 버무려 먹는다.

부스럼과 아토피에 좋은

콩제비꽃

콩제비꽃은 우리나라 전역의 산과 들의 습기가 있는 곳에 자라는 다년생 초본이다.

생태

생육환경은 양지 혹은 반음지의 습기가 많은 곳에 자란다. 키는 5~20cm이다.

효능

균을 죽이고, 염증을 가라앉히며, 독을 풀어주는 효능이 있다. 종기, 상처가 났을 때, 부스럼이 잘 낫지 않을 때, 아토피가 있을 때 약으로 처방한다. 줄기와 잎은 햇빛에 말려 사용한다.

채취시기

봄에 전초를 케어 사용한다.

먹는방법

약간 미끈거리는 느낌이며 산뜻한 맛을 지니고 있다.

봄에 꽃이 피기 시작할 무렵에 싹을 캐어 데쳐서 나물로 해 먹거나 국을 끓여 먹는다.

닭고기와 함께 조리하면 궁합이 맞아 맛이 좋다.

약용법

피부 발진으로 가려울 때, 부스럼이 잘 낫지 않을 때, 아토피에 줄기와 잎 달인 물을 바른다.

풍습으로 인한 마비통증, 관절염에 좋은

톱풀

톱풀은 우리나라 각처의 산과 들에서 흔히 자라는 다년생 초본이다.

생태
생육환경은 반그늘 혹은 양지에서 자란다.

효능
진통, 거풍, 활혈, 소종 등의 효능이 있다. 적용질환은 풍습으로 인한 마비
통증, 관절염, 타박상, 종기 등이다.

채취시기
봄에 어린순을 채취하여 사용한다. 꽃이 피고 있을 때에 채취하여 말려 쓰
기 전에 잘게 썬다. 때로는 생풀을 쓰기도 한다.

먹는방법
봄에 어린순을 나물로 먹는다.

쓰고 매운맛이 있어 데쳐서 물에 오래도록 잘 우려낸 다음 조리를 해야 쓴
맛을 없어진다.

약용법
약재를 10배의 소주에 담가 두었다가 우러나면 아침저녁으로 소량씩 복용
하는 것도 좋다.

거담, 진해, 해독 등에 효과가 있는

층층잔대

원산지는 한국으로, 산과 들에 흔히 자란다.

생태

높이 1m 정도로 자란다. 뿌리를 먹을 수 있는 식물로, 그 모양이 도라지나 더덕과 비슷하나 조금 더 길고 가늘다.

효능

한방에서 사삼이라 부르는데 거담, 진해, 해독 등에 효과가 있다.

채취시기

어린잎을 채취하여 사용한다.

먹는방법

연한 잎과 줄기를 삶아 나물로 먹거나, 튀김을 해서도 먹는다.

뿌리는 더덕처럼 두두려서 양념을 해서 구워 먹고 뿌리를 데칠 때는 끓는 물에 소금을 넣는다. 또는 생뿌리를 고추장 속에 박아 장아찌로 해서 먹는다.

층층잔대 음용법

잔대를 하루 50g~10g을 물 2ℓ 로 끓이다 끓기 시작하면 약한 불로 물이 반을 될 때까지 달여 위에 약물을 기호에 따라 꿀을 넣어 하루에 3회 먹으면 좋다.

피를 맑게 해주며 해독작용도 있는

큰방가지똥

길가나 빈터에서 자란다.

생태
높이 50~100cm이다. 줄기는 곧게 서고 남빛을 띤 녹색으로 속이 비어
있으며 자르면 흰 즙이 나온다. 뿌리에 달린 잎은 꽃이 필 때 마른다.

효능
항암작용이 있어서 녹즙으로 달여 먹으면 유방암에 좋다. 간암, 간경화증
에는 방가지똥과 괭이밥 각 30그램을 돼지고기와 함께 고아 먹으면 효과
를 볼 수 있다고 전해진다.

채취시기
어린순을 채취하여 사용한다.

먹는방법
어린순을 채취하여 쌈으로 먹고 좀 더 억세지면 데친 후 무쳐서 나물로 먹
는다.

변이 나오지 않을 때 방가지똥을 녹즙으로 해서 먹거나 쌈으로 해서 먹으
면 변이 나온다. 어린순은 나물로 먹고 전초와 뿌리 말린 것을 약용한다.

큰황새냉이

생태

다년초로 높이 20~40cm이고 원줄기는 연약하며 여러 대로 갈라져서 비스듬히 자란다. 잎은 호생하고 3~11개의 소엽으로 된 두대화상 복엽이며 정소엽은 특히 크고 원형 또는 장타원형으로 길이 1~4cm, 너비 7~30mm이며 둔한 큰 톱니가 있다. 꽃은 5~6월에 백색으로 피고 가지와 줄기 끝에 총상으로 달린다.

효능

채취시기

봄에 어린잎을 채취하여 사용한다.

먹는방법

어린잎을 채취하여 나물로 만들어 먹는다.

소종, 해독의 효능이 있는

토란

토련이라고도 한다.

생태

열대 아시아 원산이며 채소로 널리 재배하고 있다. 알줄기로 번식하며 약
간 습한 곳에서 잘 자란다. 알줄기는 타원형이며 겉은 섬유로 덮이고 옆에
작은 알줄기가 달린다.

잎은 뿌리에서 나오고 높이 약 1m이다. 긴 잎자루가 있으며 달걀 모양 넓
은 타원형이다.

효능

소종, 해독의 효능이 있어 약재로도 이용된다. 약성은 차고 매우며, 유옹,
마풍, 종독, 개선, 치질 등에 치료제로 쓰인다.

채취시기

보통은 7~8월경에 잎과 줄기를 채취하여 사용한다.

먹는방법

근경을 식용하며, 줄기를 식용하는 수도 있다.

주로 말린것을 나물이나 국을 끓여 먹으며 부침 또는 가루를 이용한 송편
을 만들기도 한다.

염증을 제거하고 독을 뽑아내는
피마자(아주까리)

열대 아프리카 원산으로서 전세계의 온대지방에서 널리 재배한다.

생태

높이 약 2m이다. 원산지에서는 나무처럼 단단하게 자라는 여러해살이풀이다. 가지가 나무와 같이 갈라지며 줄기는 원기둥 모양이다. 잎은 어긋나고 잎자루가 길며 지름 30~100cm이다. 방패 모양이거나 손바닥 모양이며 5~11개로 갈라진다.

효능

염증을 제거하고 독을 뽑아내 변으로 내보내는 효능이 있어 종기 초기, 옴, 버짐, 악창, 경부림프절염, 변비, 소변이 잘 나오지 않는 증상, 장내적취에 쓰고 중풍의 구안와사, 반신불수, 화상 등에 사용한다. 약리작용은 복통과 설사유발, 피부염 및 기타 피부병 치료 작용이 보고되었다.

채취시기

어린잎을 채취하여 사용한다.

먹는방법

어린잎을 채취하여 삶아서 먹기도 하고 나물로 만들어 먹는다.

삶아서 말려 두었다가 나중에 나물로도 먹기도 한다.

여러 암의 발생 위험을 감소시키는 효능이 있는

호박

우리나라 호박은 동양계호박으로 온대 또는 열대의 고온다습지대에서도 재배된다.

생태
호박은 1년생 초본으로, 덩굴이 길게 자란다. 자웅동주이고 보통 760g 정도부터 8kg 이상의 대형 과일까지 열린다. 오이, 멜론, 참외, 수박 등이 속하는 박과채소 중 호박은 가장 저온성이며 그 중에서도 페포계 호박과 밤호박은 저온에 강하다.

효능
폐암, 위암, 식도암, 후두암 같은 여러 암의 발생 위험을 감소시키는 효능이 있다. 특히 통기와 이뇨작용에 좋고, 호박씨를 햇볕에 말려 볶아 먹으면 구충제가 된다.

채취시기
어린잎을 채취하여 사용하고 호박도 어린것을 채취하여 사용한다.

먹는방법
어린 호박은 나물, 부침 같은 음식으로 만들어 먹고, 늙은 호박은 과육으로 떡, 범벅, 죽, 조림을 만들어 먹거나, 쪼개 말려 가루를 만들어 먹는다. 지역에 따라서는 호박잎을 쪄서 쌈을 싸서 먹고 씨를 볶아 먹기도 한다.

이뇨제로 각각 사용되는

환삼덩굴

훼손된 들에 흔하게 자라는 덩굴성 한해살이풀이다.

생태

줄기는 네모가 지며, 길이 2-4m에 이르고, 밑을 향한 거친 가시가 있다. 잎은 마주나며, 5-7갈래로 깊게 갈라져 손바닥 모양이고, 길이와 폭이 각각 5-12cm이다.

효능

열매는 수과로 가을에 익는데, 열매는 건위제로, 식물전초는 이뇨제로 각각 사용된다. 여름과 가을에 전초를 채취해 말려 물로 달이거나, 생즙을 복용하면 해열, 이뇨, 건위, 소종 등에 효과가 있고 감기, 학질, 소화불량, 이질, 설사 등의 처방에도 사용된다.

채취시기

봄과 여름에 연한 잎을 채취하여 사용한다.

먹는방법

나물로 무쳐 먹기도 하고 열매와 전체를 약용한다.

생리통을 제거하고 자궁내막염에 사용하는

활량나물

활량나물은 우리나라 각처의 산과 들에서 나는 다년생 초본이다.

생태

생육환경은 반그늘 혹은 양지의 물 빠짐이 좋은 곳에서 자란다. 키는 80~120cm이고, 잎은 길이가 3~8cm, 폭이 2~4cm로 표면은 녹색이고 뒷면은 분백색이며 가장자리에 톱니가 있다. 또한 2~4쌍의 작은 잎으로 되어 있으며 어긋난다.

효능

생약명은 대산여두라 하며, 활량나물의 종자는 부인의 생리통을 제거하고 자궁내막염에 사용한다. 아울러 강장, 이뇨제로 사용한다.

먹는방법

봄에 연한 순을 채취하여 나물로 해먹는다.

지방에 따라 꽃이 핀 줄기와 잎을 말려서 이뇨제와 강장제로 쓴다는 민간요법이 있으나 자세한 것은 알 수 없다.

뱀 딸기(사매)

장미과의 여러해살이풀이다.

생태

덩굴이 옆으로 뻗으면서 뿌리가 마디에서 나온다. 둥근 달걀모양의 잎은 어긋나게 달리고 가장자리에는 톱니가 있으며, 뒷면에는 긴 털이 나 있다. 4~5월에 긴 꽃줄기에서 노란 꽃이 달리고 둥근 붉은 열매는 지름 1cm정도의 크기이다.

효능

뱀 딸기는 열을 내려주고 혈을 식히면서 부종을 제거해주며, 해독효능이 있다. 특히 방광암, 각종 암, 흉선암, 위암, 자궁경부암, 후두암, 인두암, 코암, 인후암 등에 효능이 많다.

채취시기

봄에 연한 순을 채취하여 사용한다.

먹는 방법

어린잎을 채취하여 나물로 만들어 먹는다.

약용법

항암 치료할 때는 후두암으로 후두가 건조하고 통증과 발열증상이 나타나면서 음식물을 삼키지 못할 때, 복용하면 완화되거나 항암효과를 얻는다.

열을 내려주는

앵두

장미과 갈잎떨기나무 앵두나무의 열매이다.

생태
높이가 1~3m정도이고 가지가 많이 갈라지며, 뚜렷한 껍질눈이 있다. 잎은 어긋나고 탁엽 가장자리에는 선상의 톱니가 있다. 잎의 형태는 도란형 또는 타원형이고 잎 끝은 점점 뾰족해진다. 엽저는 둥근바닥이고 크기가 다른 잔은 톱니가 있다.

효능
땀을 내서 표에 있는 사기를 없애고 반진을 체표로 배출시키는 효능이 있다.

채취시기
봄에 연한 순을 채취하여 사용한다.
약용으로는 여름에 열매가 성숙했을 때 채취해 과육을 제거하고 과핵을 얻어서 깨끗이 씻어 햇볕에 말린다.

기미
맛이 맵고 성질이 평하다.

먹는방법
봄에 어린 잎을 채취하여 삶아서 물에 헹구고 나물 무침을 해서 먹는다.

소변과 설사를 다스려 주는
가시연꽃

검인 수련과 한해살이 수생식물 가시연꽃의 성숙한 종자이다.

생태

뿌리줄기는 짧고 수염뿌리가 많다. 전신에 가시가 있고 원주형의 잎자루가 길다. 잎은 둥글거나 둥근 방패형으로 지름이 60~130㎝정도이다. 표면에 주름이 있고 광택이 있으며, 뒷면은 흑자색으로 엽맥이 튀어나오고 짧은 줄이 있으며, 앞뒤의 맥위에 가시가 있다.

효능

신을 보익하고 정을 튼튼히 하는 효능과 설사를 그치고 소변이 너무 잦을 때 하초의 기운을 공고히 하여 이를 다스리는 효능이 있다.

채취시기

봄에 연한 순을 채취하여 사용한다.

약용으로는 9~10월에 성숙한 열매를 채취한다. 종자를 찐 다음 햇볕에 말리면 자연적으로 껍질이 터진다. 이것을 절구통에 넣고 짓찧어 가루로 만들어 사용한다.

성질: 맛이 달고 떫으며, 성질이 평하다.

먹는방법

어린 잎줄기와 뿌리줄기를 나물로 먹는다.

잎줄기에는 가시가 있어서 껍질을 벗긴 후에 끓는 물에 삶아서 나무을 해서 먹는다.

구절초

구절초는 국화과의 여러해살이풀이다.

생태
키가 50cm 정도이고 잎은 깃 모양으로 잘게 갈라져 있다. 9~10월에 분홍색이나 흰색 꽃이 피고 가을에 뿌리를 채취해 약으로 사용한다. 또 한방과 민간에서는 전초를 채취해 그늘에서 말린 다음 부인냉증, 위장병, 치풍 등의 치료제로 사용하고 있다

성미
맛이 쓰고 성질이 따뜻하다.

효능
손과 발을 따뜻하게 해주면서 혈액순환을 좋게 해준다. 약재는 냉병, 보신, 부인병, 불임, 신경통, 방광염, 기침, 가래해소, 설사 등에 효과적이며, 특히 부인병에 매우 좋다. 이밖에 여성들의 다이어트를 도와준다.

채취시기
봄에 연한 순을 채취하여 사용한다.
약용으로는 9월에 채취한다.

먹는방법
이른 봄에 어린 잎을 채취하여 끓는 물에 삶아서 쓴맛을 제거한 후 나물을 해서 먹는다.

과민성 비염이나 콧물에 좋은
목련(신이)

목련과 갈잎큰키나무 자목련의 꽃봉오리다.

생태

낙엽교목이다. 높이는 6~12m이다. 개화기는 2~3월이며 결실기는 8~9월이다.

효능

풍한을 발산시키고, 코를 통하게 해준다. 주로 축농증, 풍한감기로 인한 두통, 코가 막힘, 콧물을 흘림 등을 치료한다.

약용부위

꽃망울

채취시기

봄에 꽃잎을 채취하여 사용한다.

약용으로는 1~3월에, 꽃이 아직 피지 않는 꽃망울을 채취하여, 낮에 햇볕에 쪼이고, 밤에 차곡차곡 쌓아 진을 낸다. 50% 말린 후 다시 차곡차곡 쌓아 완전히 말린다.

성미

맛은 맵고 따뜻한 성질이 있다. 폐경과 위경에 속한다.

먹는방법

봄에 꽃을 채취하여 살짝 삶아서 식초에 버무려 먹는다.

옻나무(칠)

옻나무과 갈잎큰키나무 옻나무의 수지를 건조시킨 것이다.

생태
키는 7~10m정도 자란다. 잎은 여러 개의 작은 잎으로 구성된 깃 모양의 겹잎으로 어긋맞게 난다. 9~11장의 잔잎은 깃털 모양의 겹잎이고 끝이 뾰족한 타원형이다. 윗면에 털이 있고 가장자리가 밋밋하다.

효능
활혈약으로 경폐증을 치료하고, 적취를 제거하고 인체 내의 기생충을 제거하는 효능이 있다.

채취시기
봄에 연한 순을 채취하여 사용한다.
약용은 4~6월에 줄기와 나무껍질에 상처를 입혀 흘러나오는 수지를 건조시켜 만든다.

먹는방법
이른 봄에 어린 잎을 채취하여 끓는 물에 삶아서 나물을 해서 먹는다.
초장을 찍어 먹어도 맛이 좋다.

부주
임산부와 신체허약자, 어혈이 없는 사람, 칠독에 민감한 사람은 먹지 말아야 한다.

폐에 열을 내려 천식증을 없애주는

뽕나무

뽕나무과 갈잎큰키나무 뽕나무의 뿌리이다.

생태

작은 가지는 회색빛을 띄는 갈색 또는 회색으로 잔 털이 있으나 점차 없어진다. 잎은 달걀모양 원형 또는 긴 타원 모양이며 3~5개로 갈라지고 길이 10cm이다.

효능

폐에 열을 내려 천식증을 없앤다. 소변을 잘 보게 하여 붓기를 제거한다. 주로 폐열기침, 수종, 적은 소변, 얼굴과 눈 그리고 피부 부종 등을 치료한다.

채취시기

봄에 연한 순을 채취하여 사용한다.
약용으로는 가을 말부터 다음 해 봄에 뿌리를 캐서 황갈색의 껍질을 벗겨 뿌리껍질을 채취한다. 햇볕에 말리고 깨끗이 씻어 채를 썰어 말린다.

성질

맛은 달고 차가운 성질이 있다. 폐경에 속한다.

먹는방법

어린잎을 갈아서 녹즙으로 마시거나 국수를 끓여 먹는다.
잎을 삶아서 쌈채로 쓰거나 나물 무침을 하며 장아찌를 만들어 먹는다.
삶은 것을 말린 후 튀겨서 부각을 만든다.

속에 열이 있어 가슴이 답답하여 잠을 못잘 때 효능

치자나무

꼭두서니과 늘푸른떨기나무 치자나무의 열매와 뿌리이다.

생태
높이가 2m정도로 자라고 뿌리가 옅은 노란색이다. 줄기는 가지를 많이 뻗는다. 잎은 마주달리거나 타원형 또는 바소꼴이고 혁질인데, 광택이 있고 턱잎은 막질이다. 꽃은 가지 끝에서 하나 또는 잎 뿌리에서 나고 꽃받침은 녹색이며, 원통모양이다. 산비탈의 온난한 저습지에서 자생한다.

효능
화기를 사하여 해독하고, 열을 꺼주고 습사를 제거하는 효능과 혈을 식히고 어혈을 풀어준다.

채취시기
봄에 연한 순을 채취하여 사용한다.
약용으로는 가을철에 열매를 채취해 약간 찌거나 삶아서 햇볕에 말린다.

기미
맛이 쓰고, 성질이 차갑다.

먹는방법
꽃을 생으로 먹기도 하며 삶아서 물에 헹군 후 초버무림이나 무침 나물을 해서 먹는다.

풍습으로 인한 통증과 반신불수에 좋은

오가피

두릅나무과 갈잎떨기나무 오갈피나무의 줄기 껍질과 뿌리이다.

생태

높이가 3~4m정도이다. 가지와 줄기는 짧으면서 굵고 길게 굽은 가시가 돋아 있다. 잎은 손바닥모양의 겹잎인데, 작은 잎이 3~5개가 몰려있고, 긴 가지는 어긋나고 짧은 가지는 무리지어 있으며, 잎자루에는 가시가 있다. 잎 모양은 다원형의 바소꼴이고 잎 가장자리에는 둔한 톱니가 있다. 산비 탈이나 계곡, 관목 숲에서 자생한다.

효능

풍습사를 없애고, 근육과 뼈를 강하게 하는 효능이 있다.

채취시기

봄에 연한 순을 채취하여 사용한다.

여름과 가을에 채취해 껍질을 제거하고 적당한 크기로 썰어서 햇볕에 말린다.

기미

맛이 맵고 성질이 따뜻하다.

먹는방법

부드러운 잎을 끓는 물에 살짝 데쳐서 찬물에 담가 떫은 맛을 우려내어 나물 무침을 해서 먹어도 되고 튀김이나 장아찌를 만들기도 한다.

봄에 연한 순을 채취하여 초장을 찍어 먹기도 한다.

발기부전증에 좋은

부추

백합과 여러해살이풀 부추의 종자이다. 뿌리를 구근, 잎을 구채라고 한다.

생태

땅 속에서 짧은 뿌리줄기가 있고 많은 비늘줄기에서 가늘고 긴 잎이 모여
서 난다. 잎은 편평하고 등 쪽에 모서리가 있으며 길이가 20~30cm 정도로
자란다. 선명한 초록색을 띠고 부드러우며, 독특한 냄새가 난다. 잎 집은
3~6cm이고 여름에 줄기 끝에서 흰 꽃이 20~40개가 핀다. 꽃은 작고 6장
의 꽃덮이 조각으로 되어 있다. 가을에 열매를 맺으며 종자는 검고 깨알만
하다.

효능

구자는 간신을 보익하고 소변을 참지 못하고 조금씩 새어나가는 병, 대하
가 나오는 병. 구근은 중초를 따뜻하게 하여 기를 돌게 한다. 혈중에 뭉친
어혈 등을 푸는 효능이 있다.

채취시기

연한 순을 채취하여 사용 한다.
약용으로는 9~10월에 성숙한 열매를 채취해 햇볕에 말린다.

먹는방법

성장한 줄기를 채취하여 나물로 먹는다.

양기를 잘 통하게 하는

파

백합과 여러해살이풀 파의 비늘줄기이다. 종자를 총실 또는 총자라고 부른다.

생태

다년생 초본 식물이며 높이는 50cm까지 자란다. 씨는 검정색이며 삼각반원형이다. 개화기는 7~9월이며 결실기는 8~10월이다.

효능

표증을 다스리고, 양기를 잘 통하게 한다. 해독 살충 작용도 있다. 주로 풍한 감기, 한기로 인한 복통, 소변과 대변이 잘 통하지 못 할 때 설사, 독창, 붓기, 회충으로 인한 복통 등을 치료한다.

채취시기

연한 순을 채취하여 사용 한다.
약용은 여름부터 가을까지 캐서 잔뿌리와 잎 그리고 바깥에 있는 껍질을 제거하여 신선할 때 사용한다.

성질

맛은 맵고, 따뜻한 성질이 있다. 폐경과 위경에 속한다.

먹는방법

성장한 줄기를 채취하여 나물로 먹는다.

마늘

백합과 요로하살이 마늘의 비늘줄기이다.

생태

비늘줄기에는 작은 비늘조각이 6~10개 있고 막질의 비늘조각 안에 싸여 있다. 잎 몇장은 비늘줄기에서 나고 편평하며, 선상 비소꼴로 길이 50㎝에 너비가 2.5㎝이다. 꽃차례는 산형꽃차례로 줄기 끝에 달리고 포편은 1~3개로 옅은 녹색이다. 꽃은 흰색으로 자색을 띠고 꽃잎은 6장이다. 식물로 전체에서 독특한 향기가 난다.

효능

세균에 저항하고 염증을 가라앉히는 효능이 있다. 감기, 세균성의 배가 아프고 속이 켕기면서 뒤가 무직하며 곱이나 피고름이 섞인 대변을 자주 누는 병에 좋다.

채취시기

봄과 여름에 연한 순을 채취하여 사용 한다.

약용은 봄과 여름에 수확해 통풍이 잘되는 응달에서 말리거나 불에 외피가 마를 때가지 찐다.

먹는방법

성장한 줄기를 채취하여 나물로 먹는다.

음식 소화와 더부룩함을 제거

무

십자화과 한해살이 또는 두해살이풀 무의 종자이다.

생태

이년생 혹은 일년생 초본식물이다. 뿌리는 직근이고 다육하며 타원형, 원형 혹은 원추형이다. 껍질은 녹색, 흰색 혹은 붉은색이다. 줄기는 가지가 있고 털이 없다. 개화기는 4~5월이고 결실기는 5~6월이다.

효능

음식 소화와 더부룩함을 제거한다. 기를 가라앉게 해주고 담을 풀어준다. 주로 식체와 기가 막힌 것, 배가 더부룩한 복부 팽만감, 설사, 기침 가래, 천식 등을 치료한다.

채취시기

연한 순을 채취하여 사용 한다.

약용은 여름에 채취하여 햇볕에 말린다. 생으로 사용하거나 볶은 후에 사용한다.

성질

맛은 맵고 달다. 약성은 평하다. 비경, 위경, 폐경에 속한다.

먹는방법

성장한 줄기를 채취하여 나물로 먹는다.

야맹증, 소갈증에 좋은

시금치

파채 명아주과 한해살이풀 시금치의 뿌리와 지상부이다.

생태
높이가 약 50㎝정도 자란다. 뿌리는 육질로 연한 붉은색을 띠면서 굵고 길다. 잎은 어긋나고 하부가 깊게 갈라져 있으며 윗부분이 밋밋하다. 밑동 잎은 긴 삼각 모양 또는 달걀 모양이며, 위로 갈수록 잎자루가 짧아진다. 꽃은 암수딴그루로 5월에 연한 노란색으로 달린다.

효능
혈을 자양하여 지혈, 간기가 몰리거나 치밀어오르 간양이 왕성한 것을 정상으로 회복시켜주고, 음을 보하고 진액을 생겨나게 하는 효능이 있다.두통, 현기증, 눈이 붉어지는 병증, 야맹증, 소갈로 물을 자주 마시고 싶은것, 변폐, 치질에 사용한다

채취시기
연한 순을 채취하여 사용 한다.

기미
맛이 달고 성질이 서늘하다.

먹는방법
성장한 줄기를 채취하여 나물로 먹는다.

소변을 잘 나오게 해서 붓기를 없애주는

어성초

삼백초과 여러해살이풀 약모밀의 전초이다.

생태

높이가 15~30cm정도이고 전초에서 생선비린내가 난다. 잎은 어긋나고 심장형이며, 뒷면은 때때로 자주색을 띤다. 턱잎의 밑동은 줄기가 싸고 있다. 초여름에 줄기와 가지 끝에 황색의 작은 꽃들이 이삭모양으로 달린다. 꽃차례 밑에 4개의 흰색 포편이 십자형으로 달려 있어 꽃잎과 비슷하게 보인다.

효능

열독 병증을 열을 내리고 독을 없애고, 소변을 잘 나오게 해서 붓기를 없애는 효능이 있다. 장염, 배가 아프고 속이 켕기면서 뒤가 무직하며 곱이나 피고름이 섞인 대변을 자주 누는 병에도 좋다.

채취시기

연한 순을 채취하여 사용 한다.
약용은 여름과 가을철에 채취해 잡질을 제거하고 깨끗이 씻어 말리거나 신선한 생으로 사용한다.

먹는방법

봄에 어린순을 겉절이를 담가 먹는다.
생으로 된장에 먹기도 하며 끓는 물에 데친 후 찬물에 담가 냄새를 우려내고 나물 무침을 해 먹기도 한다.

혈의 운행을 활발히 하여 통증을 그치게 하는

가지

잎을 가엽, 뿌리를 가근, 꽃을 가화, 꽃꼭지를 가체라고 부른다.

생태
줄기의 길이가 60~100센티미터 정도로 전체에 털이 있다. 잎은 어긋나게 자라고 잎자루가 달려 있으며 달걀 모양이다. 끝이 뾰족하거나 둔하고 가장자리가 밋밋하다. 6~9월경에 잎겨드랑이에서 자주색 꽃이 핀다. 꽃받침은 종 모양으로 5갈래로 깊이 갈라진다. 열매는 장과로 맺는데, 홍자색, 자색, 백색, 녹백색 등 색상이 다양하다.

효능
열을 식히고 혈의 운행을 활발히 하여 통증을 그치게 하고 옹저나 상처가 부은 것을 삭아 없어지게 하는 효능이 있다.

채취시기
열매가 적당히 익으면 채취하여 사용한다.
약용은 여름과 가을에 성숙한 열매를 채취해 씨를 제거하고 햇볕에 말린다.

기미
맛이 달고 성질이 서늘하다.

먹는방법
성장한 열매를 채취하여 나물로 먹는다.

폐에 생긴 여러 가지 열증으로 기침이 나는 것에 좋은

꽈리(산장)

가지과 여러해살이풀 꽈리, 산장의 지상부이다.

생태

줄기의 키가 40~90cm정도이다. 밑에서 난 잎은 어긋나고 중상부에서 난 잎은 한마디에서 두개씩 달려 마주나며, 잎 모양은 넓은 타원형이다. 꽃은 7~8월 잎겨드랑이에서 하나씩 피는데, 꽃받침이 종모양이다. 갈라진다. 열매는 장과로서 꽃받침 내에 달리고 구슬모양이인데, 열매가 빨갛게 익으면 주머니도 빨갛게 된다.

효능

열독 병증을 열을 내리고 독을 없애고 인후에 감염성 질환으로 인하여 적체현상을 제거하는 효능이 있다.

채취시기

봄에 연한 순을 채취하여 사용한다.
약용으로는 가을에 꽃받침이 홍색으로 변할 때, 짙은 장과를 채취해 햇볕에 말린다.

먹는방법

봄에 꽃이 피기 전에 연한 줄기와 잎을 뜯채취하여 끓는 물에 데친 후 찬물에 헹구어 나물로 해 먹는다.

만성기관지염,유선염, 악성종양에 좋은

까마중(용규)

가지과 한해살이풀 까마중의 지상부이다.

생태
줄기의 높이가 20~90cm로 줄기의 밑 부분이 목질화이다. 잎은 어긋나고 잎자루가 있으며 계란모양 또는 타원형이다. 잎 가장자리는 밋밋하거나 톱니가 있다. 꽃은 5~7월에 흰색으로 피고 화서는 잎보다 먼저 나오고 꽃이 4~10송이가 달린다. 꽃부리는 흰색으로 종모양이고 수술은 5개이다.

효능
열독 병증을 열을 내리고 독을 없애고 소변을 잘 나오게 해서 부기를 없애는 효능이 있다.

채취시기
봄에 연한 순을 채취하여 사용한다.
약용은 여름과 가을에 잎과 줄기를 채취하여 신선한 것으로 사용하거나 햇볕에 말린다.

기미
맛이 쓰고 성질이 차갑다.

먹는방법
어린잎을 나물로 해서 먹는다.
쓴맛이 나므로 끓는 물에 데친 후 찬물에 담가 충분히 우려낸 후에 된장무침이나 국거리로 쓴다.

유방에 옹이 생긴 병에 좋은

느릅나무

느릅나무과 갈잎큰키나무 참느릅나무의 나무껍질과 뿌리껍질이다.

생태

키가 10~18m정도까지 자라는데, 나무껍질은 회갈색이고 비늘조각모양처럼 벗겨진다. 오래된 가지의 색상은 회백색이고 작은 가지는 홍갈색으로 솜털이 많이 나 있다. 잎은 하나씩 달리는 단엽으로 어긋나는데, 잎 모양은 타원형이고 길이가 1.5~5.5cm, 너비가 1~2.8cm 정도이다. 잎 가장자리에는 짧은 톱니가 있고 앞면에 광택이 있으며, 뒷면은 심녹색을 띤다. 잎 턱이 좁고 일찍 떨어지는 조락성이다.

효능

수를 원활하게 빼는 효능, 임증을 치료하고 등의 작용이 있는 약물을 사용해서 체내외의 옹종창독을 삭히고 제거하는 효능이 있다.

채취시기

봄에 연한 순을 채취하여 사용한다.
약용은 가을과 겨울에 채취해 신선한 것을 사용하거나 햇볕에 말린다.

먹는방법

봄에 어린잎을 채취하여 나물로 먹는다. 끓는 물에 데친 후 찬물에 담가 우려내고 양념 무침을 한다.
잎과 열매로 장아찌를 만들어 먹는다.

출혈을 멈추는 효능

수리딸기(산매)

장미과 갈잎떨기나무 수리딸기의 뿌리껍질과 잎이다.

생태

가지에서 뿌리가 나온다. 작은 가지는 홍갈색으로 어릴 때 보드라운 털과 약간 가는 털이 있고 껍질 가시도 있다. 잎은 단엽으로 타원형의 바소꼴이고 길이가 3~9㎝, 너비가 2~5㎝로 갈라지지 않거나 3조각으로 얕게 갈라져 있다. 불규칙한 톱니가 있고 앞면 잎맥에는 부드러운 털이 있으며, 뒷면과 잎자루에는 회색의 솜털이 있다. 뒷면 맥 위에는 갈고리 모양의 껍질 가시가 흩어져 난다.

효능

혈의 운행을 활발히 하여 어혈을 없애고 출혈을 멈추는 효능이 있다. 배가 아프고 속이 켕기면서 뒤가 무직하며 곱이나 피고름이 섞인 대변을 자주 누는 병에 좋다.

채취시기

봄에 연한 순을 채취하여 사용한다.
약용은 여름과 가을철에 채위해 햇볕에 말려서 사용한다.

먹는방법

봄에 어린 순을 나물로 해서 먹는다.
끓는 물에 데친 후 찬물에 담가 우려내고 무침을 해서 먹는다.

간염. 외용은 부어오른 종기, 뾰루지에 사용되는

감국

국화과 여러해살이풀 감국의 꽃봉오리와 전초이다.

생태

줄기의 높이가 약 1m정도 자라고 향기가 진하다. 줄기의 밑동은 땅으로 기면서 자라고 상부에는 많은 가지를 뻗으며, 어릴 때는 부드러운 털이 있다. 잎은 어긋나고 계란모양의 원형으로 길이가 2~3㎝이다. 깃 모양으로 얇게 갈라지고 잎 가장자리에는 뾰족한 톱니가 있으며, 양면 모두 부드러운 털이 나 있다. 늦가을에 피는 꽃은 두상꽃차례로 2~3개가 모여서 취산모양을 이루고, 총포는 반구형이다.

효능

열독 병증을 열을 내리고 독을 없애는 방법으로 치료하고 혈분의 열사를 제거하는 치법, 강압에 효능이 있다.

채취시기

연한 순을 채취하여 사용한다.

약용은 늦가을에 꽃이 처음 필 때 채취해서 응달에서 말린다. 여름과 가을에 전초를 채취해 신선한 채로 사용하거나 햇볕에 말린다.

먹는방법

봄에 어린순을 채취하여 삶아 찬물에 담가 우려내고 나물을 해서 먹는다.

소변에 피가 섞여 나오는 증상에 좋은

맨드라미(계관화)

비름과 한해살이풀 맨드라미의 꽃과 종자이다. 줄기와 잎을 계관묘라고 부른다.

생태
붉은색을 띤 줄기의 키가 90cm로 곧게 자란다. 잎은 어긋나고 잎 끝이 뾰족하면서 잎 가장자리가 밋밋하다. 꽃은 7~8월에 피고 넓적한 꽃대 위에 수많은 잔 꽃들이 빽빽하게 무리지어 핀다.꽃 색은 품종에 따라 다양하지만, 보편적으로 붉은색, 노란색, 흰색 등이다.

효능
혈분의 열을 제거하고 출혈을 멈추는 효능이 있다. 기침할 때 피가 나오거나 가래에 피가 섞여 나오는 병, 붕루는 여성의 성기로부터 비정상적으로 피가 나오는 것에 좋다.

채취시기
봄에 연한 순을 채취하여 사용한다.
약용은 9월에 채취해 햇볕에 말린다.

기미
맛이 달고 성질이 서늘하며, 독이 없다.

먹는방법
봄에 어린 잎과 줄기를 채취하여 삶은 후 무침을 하여 먹는다.
잎을 채취하여 떡을 만들 때 고명으로도 사용 한다.

혈의 운행을 활발하게 하는

찔레나무

장미과의 갈잎떨기나무 찔레나무의 열매이다.

생태

높이는 2m까지 곧추서서 자라고 가시가 있다. 가지 끝이 밑으로 처지고 어린 가지에 털이 없거나 있는 것도 있다. 잎은 어긋나고 깃꼴 복엽이다. 소엽은 5~9장이고 모양이 타원형 또는 도란형으로 양끝이 좁아진다. 잎 길이가 2~3cm이고 표면에 털이 없으며, 뒷면에 잔털과 함께 톱니가 있다.

효능

열독 병증을 열을 내리고 독을 없애는 방법으로 치료하고, 혈의 운행을 활발히 하여 락맥을 소통시키는 효능과 정기가 흩어지고, 흐르고 떨어져 나간 것을 수렴하는 효능이 있다.

채취시기

봄에 연한 순을 채취하여 사용한다.
약용은 8~9월경에 반쯤 익은 열매를 채취해 깨끗이 씻은 다음 응달에서 말려 사용한다.

먹는방법

봄에 어린 순을 끓는 물에 살짝 데친 후 찬물에 헹구어 나물로 먹는다.

위염, 위궤양 등에 효과가 있는

가막사리

가막사리는 국화과의 한해살이풀이다.

생태

가막사리는 국화과의 한해살이풀로 높이가 20~150센티미터까지 자라고 잎은 마주나면서 3개에서 5개로 갈라진다. 8~10월에 노란 꽃이 피고 어린 잎은 식용한다. 줄기는 가지를 치고 털이 전체에 돋아있다.

효능

치통, 통풍, 관절염, 류머티즘, 폐결핵, 건위, 기관지염, 인후염, 편도선염, 임파선염, 해열, 옴, 버짐, 습진, 이질, 위염, 위궤양 등에 효과가 있다.

성미

맛이 쓰고 달면서 성질이 평하다.

채취시기

봄에 연한 순을 채취하여 사용한다.

약용은 우리나라 전역을 비롯해 아시아, 유럽, 북아메리카, 오스트레일리아 등지의 온대에서 열대에 분포한다. 8월~9월 꽃이 피었을 때 채취한다.

먹는방법

봄에 어린 순을 채취하여 나물로 먹는다.

쓴맛 있어서 끓은 물에 삶아서 우려낸 후 나물이나 국거리로 사용한다.

가래를 삭이고 풍을 없애주는
보리수

생태

　인도 원산이다. 가지가 뻗어서 한 포기가 작은 숲을 형성할 정도로 무성하
다. 원산지에서는 높이 30m, 주위 6m 정도로 자라고 털이 없다. 잎은 어
긋나고 넓은 달걀 모양이며 끝이 꼬리처럼 뾰족하고 두껍다. 잎 가장자리
가 밋밋하고 길이 10~15cm이며 잎자루가 길다. 열매는 무화과처럼 생기
고 2개씩 달리며 지름 1cm 정도이고 검은 자줏빛으로 익으면 식용한다.

효능

　동의보감에 보리수나무 열매의 맛은 시고 달고 떫으며 성질은 평하며 독
이 없다. 설사, 목마름, 천식, 해수를 주로 치료한다. 오장을 보익하고 번열
과 소갈을 없애고 거두어들이는 성질이 있고 설사를 멎게 하며 피나는 것
을 멎게 한다. 소화불량, 골수염, 부종, 생리불순, 치질, 허리 삔 것을 낫게
한다.

채취시기

봄에 연한 순을 채취하여 사용한다.

먹는방법

봄에 어린잎을 채취하여 밀가루를 묻혀서 쪄 먹는다.

열을 내려주고 해독작용

금메밀

다년생 숙근 초본 식물이다.

생태

다년생 숙근 초본 식물이고 높이는 0.5~1.5cm이다. 중심 뿌리는 적갈색이고 굵고 크며 결절모양이다. 줄기는 직립하고 가지가 많다. 개화기는 7~8월이고 결실기는 10월이다.

효능

열을 내려주고 해독작용을 한다. 피를 통하게 하고 독창을 없앤다. 풍한을 없애고 습을 제거한다. 주로 폐옹, 폐열 기침, 인후의 붓고 통증, 이질, 풍습 비증, 외상, 독창, 뱀이나 벌레에 물린 것 등을 치료한다.

생태와 특징

채취시기

봄에 연한 순을 채취하여 사용한다.

약용은 가을에 땅 위에 있는 부분이 시든 후에 캔다. 먼저 줄기와 잎을 제거하고 뿌리를 캔다. 다음에 흙을 제거하고 종자로 된 것을 선택하여 햇볕에 말리거나 그늘에 말린다. 혹은 50도의 온돌로 말린다.

먹는방법

봄에 어린 순을 채취하여 살짝 데친 후 찬물에 헹구어 나물 무침을 한다.

단 한꺼번에 너무 많이 먹으면 임신한 여성이 유산을 할 수가 있어서 주의한다.